仕事ができる人が
やっている

「ざっくり計算力」を身につける

堀口智之
Horiguchi Tomoyuki

「大人のための数学教室」代表

青春出版社

| はじめに |

「数字に強い人」になるのに
才能は必要ありません!

　会議中、ある人が「えっと、3億3800万円を200万で割ると──」と暗算をはじめたとします。そこでは同じように暗算を試みる人と、「誰かが答えを出すだろう……」とあきらめて待つ人、この2種類に分かれます（笑）。

　この本は、後者の「あきらめグループ」にいる方々を前者の「暗算グループ」に導くためにつくられました。

　「文系の私でも大丈夫?」と心配している方がいるかもしれません。

　たしかに、数字や計算が苦手な方からすると、ビジネスシーンや日常生活で小難しい計算をパパッとできてしまう「数字に強い人」は、かなり縁遠い存在に感じていることでしょう。

　でも、そうした世の中の「数字に強い人」たちは、ごく一部の天才を除き、難しい計算を難しいまま計算しているわけではありません。

　数字を丸めたり、式の前後を入れ替えたりするという学校では教わらないテクニックも駆使しながら、「いかにラクに暗算するか」を考え、実践しているだけなのです。

　人間の脳が一度に処理できる情報量は有限なので、その狭い作業領域でいかに効率よく計算するかがポイントです。「省エネ計算」の方法を知っているから普通の人にできない暗算ができるし、計算が速い。

　つまり、コツさえつかめれば、誰でも「数字に強い人」になれます。

とっさの計算は"ざっくり"で十分な理由

　自己紹介が遅れました。大人向けの数学・統計学・AI教育事業を展開している、「和から」代表の堀口智之と申します。対面やオンラインによる教室の

ほか、「大人の数トレチャンネル」というYouTubeチャンネルも運営しています。

　教室では数学が得意だった方のほかに、小中高のどこかで算数、あるいは数学につまずいたものの一念発起して再挑戦している方、実務で統計学やAIを活用したい人など、幅広いレベルの社会人を相手に、日々「数学」の考え方を主軸に置きながら教えています。

　では、どうすれば頭のなかだけでとっさに計算ができるようになるのでしょうか？　その基本でありもっとも効果的な方法は、**小さなケタの数は気にせず、四捨五入などを使って数字をざっくり丸めること。**

　まずは数字を脳内で扱いやすい数に変換して、それに対していろいろな暗算テクニックを駆使して計算をする。これが本書で紹介する「ざっくり計算」の基本コンセプトです。

　実は計算が苦手な人ほどストレートに、正確に計算しなければならないと思い込んでいます。

　でもビジネスの会話では、1ケタまでの精度が求められることはまずありません。そのあとの議論に差し支えない範囲の数字を出しておいて、正確な計算はあとでじっくりやればいいのです。

　この本で解説する暗算テクニックをマスターできれば、四捨五入をしていない数でも暗算で解ける場面はかなり増えますし、「だいたいこのくらい」というイメージを一瞬でつかめるようになります。

　これまでは「やる気すら起きない」と思っていたような計算も、サッと暗算できるようになる。そんな方法を、図解をふんだんに使いながら、できるだけわかりやすく紹介していきます。

本書の構成と各Partのねらい

　本書は、Part1から順に読んでいくことで、「知識」と「自信」と「やる気」がじわじわ積み上がっていくように構成しました。

　【Part1】ざっくり計算の全体像をつかんでもらう目的で、「本書を読むとこ

んな計算も暗算できるようになる」という応用問題に近い事例をいくつか紹介します。使われているテクニックを解説しているページ数も記しておきます。

【Part2】ざっくり計算で使う基本テクニックの大半をここで一気に解説します。といっても四則演算のちょっとしたコツが中心になるので、小学生でも理解できることばかりです（お子さんがいらっしゃる方は、ぜひ教えてあげてください!）。

【Part3】多くの人が苦手とする大きな数の読み方とその計算のコツを多数紹介します。こちらもざっくり計算で使う基本テクニックに当たります。社会人になると大きな数を扱う場面が増えるので、ぜひここで一気にマスターしてください。

【Part4】自ら式を立てられるようにならないと、ざっくり計算は生かせません。そこで文系の人にとっては混乱の元凶である「割合」「率」「比」などを、「割り算とは何か?」という超基本からわかりやすく解説。それによって、これまで苦手としていた分野の克服を目指します。

【Part5】ここでは、社会人として最低限知っておきたい統計学の基礎知識を解説します。こちらはテクニックを学ぶというより、「数字に振り回されないためのセンス」を磨くPartです。

【Part6】単位をテーマにしたPartを設けました。単位をパパッと変換ができるようになることはもちろん、単位を見たときにイメージがつかめることも重要なので、ビジュアル中心で説明を試みます。

【Part7】仕上げとして、知っておくと便利なざっくり計算の小ワザを中心にお伝えします。たとえば、「税込2000円の商品の税抜価格」といった問題も3秒で計算できるようになりますよ。

この本を手にとられたということは、数学における克服したいなんらかの課題を抱えているのかもしれません。私がこれまでさまざまな方に伝授してきた考え方やテクニックを、この一冊に余すところなくまとめました。

本書でこれまでの数や計算に対する苦手意識を少しでも払拭し、あなたのビジネスや日常生活の助けになることができれば、著者としてこれ以上の喜びはありません。

では、さっそく本題に入りましょう!

堀口智之

仕事ができる人がやっている「ざっくり計算力」を身につける　目次

はじめに　「数字に強い人」になるのに才能は必要ありません！ ………… 3

Part 1

仕事ができる人がやっている
計算のひと工夫

1 2ケタ以上のかけ算をサッと暗算するワザ ………… 12

2 数字をビジュアル化して見た目で比較する ………… 14

3 面倒な計算を回避して答えだけを瞬時に出す ………… 16

4 「基準となる数」を知っていると計算が速くなる ………… 18

5 大きな数を仮説から推定する「フェルミ推定」 ………… 20

6 暗算が無理そうならできそうな式に変換すればいい ………… 22

7 割り算をかけ算に変換して一瞬で解く！ ………… 24

8 何と何を比較すれば正解が出せるか ………… 26

9 単位がそろっていないときに比較する方法 ………… 28

コラム　ざっくり計算では「ケタ」を間違えないようにしよう ………… 30

Part 2

まずはこれだけ！
基本のざっくり計算テクニック

1 ざっくり計算の超基本「概数」を使いこなす ………… 32

2 四捨五入で大きな誤差が生じてしまうケース ……………… 38
3 足し算や引き算が苦手な人が知らない「補数」の考え方 …… 40
4 補数が一瞬でわかる「9、9、10メソッド」とは ……………… 43
5 大きな数は「頭の数」と「ケタ」を分けて計算する ………… 46
6 暗算が一気にラクになる「足し算テク」3選 ………………… 49
7 引き算は「左から引く」か「右から引く」か ………………… 52
8 2ケタ×1ケタの暗算を瞬殺する「プラス棒メソッド」……… 54
9 2ケタ同士のかけ算が暗算できる「2倍と半分のテクニック」… 56
10 暗算できるように式を変形する「段階割り算法」…………… 60
11 割り算は「約分」してから解くと速い ………………………… 63
12 「パーセント」を秒で数値に変換する方法 …………………… 65
13 「パーセント」「小数」「分数」を自在に行き来するコツ …… 68
14 覚えれば一生便利に使える
　　「パートナーナンバー」とは …………………………………… 70

コラム 2ケタ×2ケタを一瞬で解く「十等一和」と「十和一等」……… 72

Part 3

ゼロだらけの大きな数を
ラクに扱うワザ

1 3分でマスター！大きい数のケタを一瞬で把握する方法 …… 74
2 大きい数のかけ算① ── ゼロの数を足す方法 ……………… 77
3 大きい数のかけ算② ── 漢数字計算法 ……………………… 81
4 大きい数の割り算① ── ゼロの数を引く方法 ……………… 84
5 大きい数の割り算② ── 漢数字計算法 ……………………… 86

6 大きい数の割り算③──かけ算で解く方法 ………………………………… 89

Part 4

数字が苦手な人の急所！
「割合」と「比」を完全理解する

1 「割り算・分数・割合・比」──それぞれの意味を正確につかむ ……… 92
2 「何に対して？」の例①──ROI（投資収益率） …………………………… 99
3 「何に対して？」の例②──為替 ……………………………………………… 101
4 「何に対して？」の例③──単価から計算 ………………………………… 103
5 「何に対して？」の例④──売上増加率 …………………………………… 105
6 「何に対して？」の例⑤──利益率と原価率 …………………………… 108
7 「比較する数を割合で割る」テクニック …………………………………… 110
8 意外に知られていない「反比例」の正しい意味 ……………………… 112
9 混乱しがちな「1未満の数のかけ算・割り算」 ………………………… 114

コラム 小難しそうな財務分析も基本はただの割り算 ……………… 116

Part 5

データにダマされず、
データで優位に立つための知恵

1 データの頭の数だけ足してみる検算法 …………………………………… 118
2 平均の計算をちょっとだけラクにする方法 …………………………… 120

3 社会人なら知っておきたい「加重平均」とは ……………… 122

4 データのバラつきを示す「分散」と「標準偏差」の関係 ……… 125

5 「平均」と「中央値」と「最頻値」のどれが大事? ……………… 128

6 何人にアンケートをとればその情報は正確? ……………… 131

7 混同しがちな「実数」と「割合」 ……………………………… 133

8 確率から考える「くじ引き」と「ガチャ」の大きな違い ……… 135

Part

6

会話で恥をかかない「単位」の扱い方

1 「SI接頭語」を覚えるとすべての単位のつながりがわかる ……… 138

2 いまだに残る「非SI単位」の変換法 ……………………… 141

3 「長さ」をイメージでつかむ! ……………………………… 143

4 「広さ」をイメージでつかむ! ……………………………… 145

5 「重さ」をイメージでつかむ! ……………………………… 148

6 「体積・容量」をイメージでつかむ! ……………………… 150

7 「時間」と「分」を換算する方法 …………………………… 152

8 「速さ」「時間」「距離」を換算する方法 …………………… 154

9 「秒速」を「時速」に変換する方法 ………………………… 156

10 「同じ曜日の先の日付」を一瞬で知る方法 ……………… 158

コラム 社会人なら覚えておきたい数字 ………………………… **160**

Part 7

日常会話で
数字を効果的に使うひと工夫

1 「時給」「月給」「年収」の換算も瞬殺 ……………………… 162

2 「年単位」の値から「月平均」をパパっと計算！ ……………… 165

3 消費税の「税込・税抜」を高速で計算！ ……………………… 168

4 「割引後の値段」を誰よりも速く計算したい！ ……………… 170

5 よく使う「パーセント」を最速で計算する ……………………… 172

6 元本が2倍になる期間がわかる「72の法則」……………… 174

構成　郷 和貴

カバー・本文デザイン　三森健太（JUNGLE）

カバー・本文イラスト　ヤギワタル

特別協力　川原祐哉

DTP　佐藤純（アスラン編集スタジオ）

仕事ができる人が
やっている
計算のひと工夫

Part

ここでは仕事や日常生活のさまざまな場面で直面する数字に関する課題を例に、数字に強い人たちが頭のなかでどんなことを考え、どんなテクニックを駆使しながら「ざっくり計算」をしているのかを紹介していきます。

個別のテクニックの具体的な解説はこのあとで行いますが、このパートを読むだけで多くの発見や驚きがあるはずなのでお楽しみに。

2ケタ以上のかけ算を サッと暗算するワザ

新しいパソコンの見積もり、1台11万8000円でした。部内32人分の総額は……（スマホを取り出す）

だいたい380万円か

扱いやすい「かたまり」に小分けする

　数字に強い人は、かけ算が得意です。
　この場合、まず11万8000円を12万円に丸めますが、「32×12万」を計算しければなりません (P46)。万を切り離して「32×12」で考えたとしても (P56)、まだパッと計算するのは難しそうですね。
　そこで、「×12」をあえて「×2×6」に分けると、式は「32×2×6」に変わり、さらに「64×6」という形に持ち込むことができます (P60)。これなら暗算できそうな気がしませんか？
　「6×6＝36」と「4×6＝24」をそれぞれに計算して、十の位でケタが重なる6と2を足せば、384という答えが出せます (P54)。あるいは、式を「(30×12)＋(2×12)」と分けて考えて、360と24を足すというやり方でもいいですね (P57)。仕上げとして、上から3ケタ目を丸めて380万とします。
　このように、難しそうに見える2ケタ以上のかけ算でも、**式を変形して自分が暗算しやすい「かたまり」に小分けしていけば、意外とすんなり解けます**。もっとざっくり計算するなら、人数の方も四捨五入して「30×12万」＝「360万円強」という概算でもかまいません。

複雑な計算を「暗算できる形」に変えるワザ

$32 × 118000 = ?$

> このままでは
> 暗算できない……
> じゃあ工夫しよう

STEP 1 細かい数を丸める (P32)

$32 × 120000 =$

STEP 2 暗算する数とケタを切り離す (P46)

$32 × 12 × 万 =$

> ケタを分けるのは
> ざっくり計算の超基本！

STEP 3 12を「2×6」に分ける (P60)

$32 × 2 × 6 × 万 =$

> 2ケタ×1ケタの
> かけ算に持ち込むため

STEP 4 2ケタ×1ケタのかけ算にする (P54)

$64 × 6 × 万 =$

> 2ケタ×1ケタの
> 暗算はPart 2で！

STEP 5 計算して丸める

$384 × 万 = 384万 ≒ \underline{380万}$

仕事ができる人がやっている計算のひと工夫

数字をビジュアル化して見た目で比較する

これまで30%オフで買っていただいていたこの商品、今後は『3個買ったら1個無料』でどうでしょう?

30%オフの方がお得だね

ビジュアル化できれば計算不要

　形式の異なる割引を比較したいときは、実際の値を入れて計算すればどちらがお得かわかりますが、少し面倒ですよね。こういうときに役立つのが「ビジュアル化」することです。

　この問題のカギは、「3個買ったら1個無料」をどう解釈するかです。頭のなかで次ページのようにビジュアル化してみると、商品4つ分に対して1個分が割引されるのと同じ意味であると気づきます。これは、それぞれに1/4の割引がされているわけですから、「25%オフ」と同じことです。

　一方、比べるのは「30%オフ」。この時点で答えは出ていますが、4つ購入することをビジュアルで考えると、30%という割合は1個分（25%）を超えているので、明らかに30%オフの方が得です[※]。

　このように、**解かなければいけない状況をまずは頭のなかのイメージでつかんでしまえば、実際の値段を計算しなくても、どちらが有利かを判断することができることもあります。**

　数字を形のあるイメージでつかむことはとても重要です。Part2以降では図解をたくさん使って、数をビジュアル化するクセをつけていきます。

※「30%オフ」だと1個でも割引されますが、「3個買うと1個無料」の場合は1個、または2個買っても割引にならないので、この点でも不利です。

2つの割引き、どちらがお得？

A　30%オフ　VS.　**B**　3個買ったら1個無料

計算がちょっと面倒……

普通に計算すると……（「1個500円×4個」と仮定）

A　500円×4個×0.7（30%オフ）＝1400円
B　500円×3個（1個無料なので）＝1500円

ビジュアルイメージなら一瞬でわかる！

A「30%オフ」の場合

（常に）30%オフ

計算しなくても「30%オフ」がお得

B「3個買ったら1個無料」の場合

1/4＝25%オフ

割合の扱い方はPart4でしっかり解説します！

仕事ができる人がやっている計算のひと工夫　　15

3 面倒な計算を回避して答えだけを瞬時に出す

C商品の売上が落ちてます。利益率が5割あるから、3割引きにしたらどうでしょう？

同じ利益を出すには、2.5倍の販売数が必要になるね

どのくらい売り上げれば利益を確保できる？

　利益率とは、商品の売値に対する利益の割合のことです（P92）。売値が1000円で利益率が50％の商品なら、商品の製造や流通、販売などにかかるコストが500円で、利益が500円ということです。仮にその商品を3割引きの700円で売るとしたら、1個当たりの利益は200円になります。

　定価で売れば1個の売上で500円の利益が出るものを、割引することで利益が200円に減ってしまうわけです。同じ利益を確保しようとするなら、もっとたくさん売らなければなりません。

　この場合、「○個売れたら□円の利益」などと仮定の計算をする必要はなく、「定価で販売するときの利益÷割引で販売するときの利益」、つまり「500÷200」から、2.5倍売らなければいけないという結果が導き出せます。

　前項と同様、計算自体はさほど難しくないのですが、**利益率とは何かといったことがしっかり理解できていないと、「500÷200」という式を立てることができません。**

　このようなケースも、慣れるまでは次ページのようなビジュアルイメージで「割合」の感覚をつかむことが重要です。

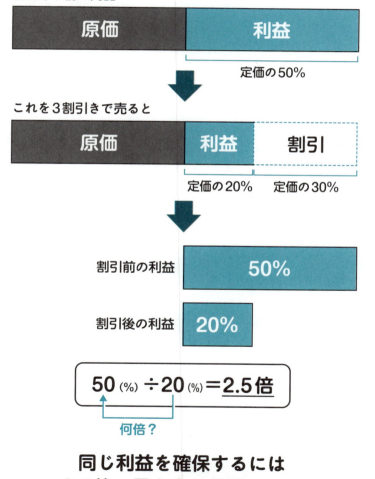

17

4 「基準となる数」を知っていると計算が速くなる

215㎡の大会議室でセミナーをするんですけど何人くらい入りますか？

机とイスで約100人、イスだけなら200人くらいだね

面積と収容人数の関係

　消防法は広さ当たりの収容人数を定めており、着席の場合0.5㎡当たり1人で計算します（移動式のイスの場合）。つまり1m×1mのスペースに2人座ることになりますが、実際はイス以外の設備や通路なども必要なので、1㎡当たり1人を目安にするといいでしょう。ちなみに約5万㎡の野球場（固定式のイス）には、5万人程度が収容できます。

　「1㎡当たり1人」を基準として覚えておくと、立ち見スペースがあるならもっと人は入りますし、着席でも机があるセミナースタイルだと収容人数は少し減ります。机がある場合は2㎡当たり1人を基準にしましょう。

　今回は面積が215㎡なので、イスだけであれば約200人、参加者がノートをとる机がついているとざっくり100人を収容可能だと計算できます。

　なお、遊園地や動物園などで来場者が比較的快適に歩き回れる目安は着席の約10倍で、10㎡当たり約1人。東京ディズニーランドで入場制限をかけるのは、密度がだいたい8㎡当たり1人になったときです。

　このように、面積のような単位を扱うときは、**何かしらの基準となる数を知識として持っておくととても便利です**（P146）。

Q.「一人当たりのスペース」はどのくらい？

野球場

5万㎡→5万人 ⇒ **1㎡当たり1人**
（着席の場合）

ちなみに、消防法では
着席（移動式）→0.5㎡当たり1人、
立ち見→0.2㎡当たり1人※

会議室

机つき 2㎡当たり1人	着席 1㎡当たり1人	立ち見 さらに収容人数増

基準を知っていればイメージできる！

約200㎡の
会議室⇒

> イスだけなら200人くらいか
> 机つきなら100人くらいだな

> Part5では、面積を含むいろいろな単位を
> イメージできるよう解説します！

※防火対象物区分の1項にある劇場、映画館などの収容人数の算定に基づいています。

5 大きな数を仮説から推定する「フェルミ推定」

美容師や理容師って、日本に何人くらいいるのかな？

ちょっと考えさせて……。
うーん、
50万人くらいだと思う

教養と計算力とセンスが問われる

　大きすぎて考えたこともないような数を推定するために、よく知られた数字やデータを論理的に組み合わせて式を立て、計算することを「フェルミ推定」といいます。「ちょっとした教養」や「大きな数を暗算する能力」、そして「論理的に式を組み立てるセンス」が問われます。

　今回のケースでは、まず日本の人口約1億2400万人のうち家でカットする人を除いて、約1億人が美容室や理容室を使うと仮定します。次に、その人たちが2、3カ月に1回美容室や理容室を使うとするとだいたい年5回。1年間に日本全体で行われる総カット数は5億回ということになります。

　一方、美容師や理容師が1日何人カットするかを考えると、美容室は手間がかかる場合も多いので4人くらいでしょうか。年250日働くとすれば、ざっくり年1000カット。全体の5億カットを美容師1人当たりの1000カットで割ると、日本にいる美容師や理容師の数は50万人と推定できます。

　参考までに、厚生労働省が発表している実際の人数は2023年で78万人（美容師58万、理容師20万）ですが、**フェルミ推定はケタが合っていれば上等です。**5億÷1000のような大きな数の計算はPart3で解説します！

よく聞く「フェルミ推定」って?

Q. 美容師と理容師は日本にぜんぶで何人いる?

知っている数を論理でつないで、
ざっくり計算してみよう!

(=フェルミ推定)

STEP 1　美容室や理容室を使う人の総数は?
(家でカットする人もいるから) **1億人**

STEP 2　その人たちの年間の平均利用回数は?
(平均で2、3カ月に1回くらいだとして) **5回**

⇒**日本全体で年間約5億回のカットが行われている!**

STEP 3　美容師・理容師は1年間で何回カットする?
(1日4人×250日として) **年1000回**

⇒**日本の総カット回数を美容師・理容師1人が1年間に行う
カット回数で割れば、だいたいの総人数がわかる!**

上記の数を使って式を立てると――

$$（1億 \times 5回） \div （1000回）= 約50万人$$

1年間に日本の美容室・理容室で行われる総カット数	美容師・理容師1人が1年間にカットする回数	フェルミ推定による日本の美容師・理容師の総人数

仕事ができる人がやっている計算のひと工夫

6 暗算が無理そうなら できそうな式に変換すればいい

東京―大阪間500kmのガソリン代って、どれくらい？

燃費がリッター20kmだと25L必要だから……4500円くらいですね

燃費、走行距離と燃料代の関係

燃費とは1L当たりの走行距離を表す割合なので、燃費が20km/Lなら500kmの移動に必要な燃料は「500÷20＝25L」になります。割られる数と割る数のゼロを1つ消し（約分）、「50の半分は？」と考えればラクに暗算することができます。

レギュラーガソリンの相場はだいたい180円/Lなので、「180×25」をこのまま暗算するのは大変ですが、「なにかラクな計算方法はないかな？」と考えれば、次のような解き方も思いつくはずです。

まず180円を200円と考えて「200×25＝5000円」と計算します。これだけでも最大5000円というざっくり計算はできますが、そこから余分な「20円」に着目し、「20×25＝500円」の暗算をして5000円から引くとどうでしょう。この方法なら暗算だけで4500円だとわかります。数学的には、「180×25」の式を「(200－20)×25」に変形し、「×25」を分配しているわけです（P59）。

別の解き方として、「×25」を「×50÷2」と考える方法もあります。「180×50÷2」なので、180を先に2で割ります。「90×50＝4500」とこちらも簡単に計算できますね。

22　　Part 1

複雑なかけ算も「ひと工夫」すれば簡単

Q. 東京－大阪間500kmの車移動にかかるガソリン代は？

STEP 1 情報をそろえる：**燃費・燃料の種類・燃料の相場**

20km/L　レギュラー　180円/L

STEP 2 消費するガソリンの量を求める
500km÷20km/L＝25L

STEP 3 ガソリン代を求める
180円×25L＝？

「180×25」は2つの方法で暗算できる

計算例① (P59)

＝(200－20)×25
＝(200×25)－(20×25)
　　2ケタ×1ケタ　　2ケタ×1ケタ
＝5000－500
＝4500円

計算例② (P57)

＝180×50÷2
＝180÷2×50
　2ケタ×1ケタ
＝90×50
　1ケタ×1ケタ
＝4500円

速さ、時間、距離の関係については P154で取り上げます

7 割り算をかけ算に変換して一瞬で解く！

A支店の今期売上は2億円。前期比125%だ

前期の1.6億円からかなり上げましたね

どんな数にもパートナーナンバーがある

　この計算は、前期の売上がA円だとすると「A×125％＝2億」なので、Aは「2億÷125％」で求められます。125％は1.25に変換すればいいですが、問題は「2億÷1.25」が暗算しづらいことです。

　ここで使うのが「パートナーナンバー」。**数学的にいうと逆数の考え方で、「x」のパートナーナンバーは「『1/x』をパーセントで表示して丸めたもの」です。**2なら「50％（＝1/2）」、4なら「25％（＝1/4）」という関係です（P70）。2つのパートナーナンバー同士をかけると1（＝100％）になります。

　パートナーナンバーを使うと割り算をかけ算へ、あるいはかけ算を割り算へ一瞬で変換できます。今回は「÷1.25」が面倒ですが、1.25のパートナーナンバーは80％だと覚えていれば（「1÷1.25」を計算してみてください）、「÷1.25」を「×80％」に一瞬で変換できます。

　すると式は「2億×80％」になるので暗算で解けます。「ケタを間違えそう！」と感じる人は、計算する前に「答えは2億よりちょっと少ない数」とイメージしておいて、億も小数点も無視して「2×8」の計算に集中しましょう。

　私の提唱するざっくり計算では、パートナーナンバーがよく登場します。

割り算が難しいならかけ算に変える

Q. 今期の売上は前期比125％の２億円。では、前期の売上はどのくらい？

STEP 1 式を立てる

前期売上×1.25＝2億
前期売上＝2億÷1.25

>「×1.25」を右辺に移項。割合に慣れると、この式がすぐ出てくるようになります（P110）

STEP 2 パートナーナンバーのかけ算に変換

2億÷1.25＝

>このままでは暗算できない……

2億×80％＝1.6億

>1.25のパートナーナンバーは80％。この値を記憶していれば、一瞬でかけ算に変形できます（P71に一覧あり）

>逆数をパーセント表示＆四捨五入した「パートナーナンバー」の活用は、私が提唱するざっくり計算法の大きな特徴の１つです。「×25％」↔「÷4」なんかは有名ですね。よく使うものは覚えて、使ってみてください！

仕事ができる人がやっている計算のひと工夫

8 何と何を比較すれば正解が出せるか

別々の商品を4つ買うんだけど、全品5%オフと1品15%オフのクーポン、どっちを使うべきかな

高額商品を買うなら15%オフの方がお得ですね

かけ算テクでお得なクーポンを判別

　これは以前、私がお客様から実際に相談を受けた事例です。何種類もあるお店の割引クーポンのうち、会計時にどれを使うべきか迷ってしまうケースはよくありますよね（2つのクーポンは同時に使えないとします）。

　今回は「全品5%オフ」と「1品15%オフ」の選択肢があるわけですが、どちらがお得かは購入する商品の値段や量で変わります。もし1品しか買わないなら当然「1品15%オフ」ですし、同じ値段の商品を4個以上買うなら「全品5%オフ」がお得です（「5%が4つ分（20%分）」で15%オフを超えるため）。

　ただし、たとえば2200円、1200円、600円、600円の4品（計4600円）を買うような場合は、「総割引額」を実際に比較する方がいいでしょう。

　全品5%オフの総割引額は「4600×0.05（4600の5%）」で求められます。私が**「2倍と半分のテクニック」**（P56）と呼ぶもので「2300×0.1（2300の10%）」に変形すると、総割引額は230円となります。

　一方、1品15%オフは一番値段の高い商品に使うのが合理的なので、総割引額は「2200×0.15」。これも「2倍と半分のテクニック」で「1100×0.3」に変形すれば割引額は330円。つまり、後者の方がお得だとわかります。

割引額をさっと計算して比較する

Q. 2200円、1200円、600円、600円の商品を買うとして、

A：全品5％オフ
B：1品15％オフ

どちらのクーポンがお得？

> 割引後の値段を比較するより、
> 割引額そのものを比較した方がラクそうだ

比較したいのは「**最終的にいくら割引されるか**」

「4品の総額」

A：**4600**×0.05＝
　↓半分　2倍
2300×0.1＝230円

> 片方を2倍にして、もう片方を半分にすることで暗算しやすい式に変形
> （「2倍と半分のテクニック」[P56]）

「一番高い商品」

B：**2200**×0.15＝
　↓半分　2倍
1100×0.3＝330円

Bの方がお得！

9 単位がそろっていないときに比較する方法

坪単価1万で45㎡の土地と、坪単価1.3万で30㎡の土地。どっちが安いですか？

えっと……、30㎡の方だね

単位を変換しなくても大小は比較できる

　この問題では広さと単価の単位が異なるため、実際の価格を計算するには「1坪＝3.3㎡（P145）」だと知っている必要があります。仮に㎡で統一するなら、坪単価を㎡単価に変えなければいけません。

　坪単価1万と1.3万ということは3.3㎡当たり1万と1.3万で、これを㎡当たりの単価にするには1万と1.3万を3.3で割ります。「÷3.3」の暗算が大変ですが、ここでも使えるのが3.3のパートナーナンバーである「×30％」。前者の㎡単価は1万×30％で3000円※1。後者は1.3万×30％で3900円（約4000円）と計算できます。㎡単価がわかれば物件の広さをかけるだけ。

　「45×3000」で13.5万円と、「30×4000」で12万円。つまり30㎡の方が安いことがわかります。

　ただし、金額の大小を知るだけなら、比を使ってすぐに答えを出せます。

　坪と㎡は無視して「広さ×単価」、つまり「45×1」と「30×1.3」を計算し比較すればいいのです。単位が坪であろうと㎡であろうと、比は変わりません（㎡単価も1:1.3の関係になる）。答えは45と39なので、一瞬で30㎡の方が安いと判断できます（比の説明はP96）※2。

※1　パートナーナンバーの計算にはわずかなズレが発生し、正確には3030円です。
※2　45と30は15の倍数であることに気づけば、「45÷30」、つまり「3:2」と簡単になります。

比較したいときこそ「比」の出番

Q. どっちが安い？

物件A
45㎡
坪単価1万円

物件B
30㎡
坪単価1.3万円

【正攻法】単位をそろえて実際の価格を計算

STEP 1 坪単価から㎡単価を計算

> 1坪＝3.3㎡ (P145)
> という知識が必要

> 3.3のパートナーナンバーを
> 使って計算をラクに！(P71)

物件A 1万÷**3.3**＝1万×**30%**＝<u>3000円</u>
物件B 1.3万÷**3.3**＝1.3万×**30%**＝<u>3900円</u> (約4000円)

STEP 2 広さと㎡単価から価格を計算

物件A 45×3000＝<u>13.5万円</u>
物件B 30×4000＝<u>12万円</u>

> 物件Bの方が
> 安い！

【超速法】単位がそろっていない状態で「広さ×単価」

物件A 45×1＝<u>45</u>
物件B 30×1.3＝<u>39</u>

> 「価格の比」が
> 45：39になるという意味

> 広さの比は
> 45：30

> 単価の比は1万：1.3万＝1：1.3
> 坪単価を㎡単価に変換しても、単価の比は
> 変わらない。比べるだけならこれでもOK

仕事ができる人がやっている計算のひと工夫

コ ラ ム

ざっくり計算では
「ケタ」を間違えないようにしよう

　ざっくり計算の目的は、「答えはどのくらいになるか?」を暗算で素早く出すことです。そのため、大半のケースでは細かい数字をざっくりとした数字に置き換えます。

　正確な答えを知りたいなら計算機やエクセルを使えばいいわけですが、そこまでの精度を求めていないときや、それらの計算結果が正しいかどうかを手早くチェックしたいときには、ざっくり計算が真価を発揮します。

　ざっくり計算で一番やってはいけないのは「ケタの間違い」です。次に、「頭の数」も間違えないようにしましょう。それ以降の数は、もし計算を間違えても「ざっくりだから」とごまかすことができます(笑)。

　たとえば、2020年東京オリンピックの誘致段階の想定予算は7340億円でしたが、実際には3兆7000億円かかりました。なんと5倍。これはざっくり計算としてはアウトです。

　このあと、ざっくり計算に役立つ計算方法やコツがたくさん出てきます。それらを知っていただくことで、1人でも多くの方に「気軽にざっくり計算をしてみよう!」と思ってもらうことが本書の目的です。

　ただし、そのときでも「ケタだけは間違えてはいけない」というちょっとした緊張感を持ち続けてください。

ざっくり計算の優先順位

1位　ケタを間違えない!

2位　頭の数を間違えない

3位　それ以降の数の計算を間違えない

まずはこれだけ！
基本のざっくり計算
テクニック

Part

ここでは四則演算にまつわるテクニックを中心に、汎用性が非常に高く、使用頻度が多いテクニックを一気に紹介します。数字に苦手意識を持っている方でも、この内容を理解すれば数字に対する自信がついてくるはずです。

四則演算なので内容は算数の範囲ですが、小学校の授業とは違い、教科書では教えないようなテクニックや切り口を交えています。「これを小学校のときに教わっていれば！」と感じるようなテクニックもありますよ！

ざっくり計算の超基本「概数」を使いこなす

宴会締めますね。
6人で2万3850円だから、えっと……

とりあえず、
1人4000円で
お願いします！

数を丸めて扱いやすい数に変える

　端数のある数字を少しキリのいい数に変換するには、数の「切り捨て」あるいは「切り上げ」を行います。英語ではそれぞれ「round down」と「round up」なので、まさに丸めるというイメージですね。

　丸めながら計算することを「概算」、丸められた数のことを「概数」といいます。文字通り「おおよその数」です。**数を丸める目的は、「情報量の多すぎる数」をスッキリした「扱いやすい数」に置き換えることにあります。**

　扱いやすいとは、①覚えやすい、②計算しやすい、③ピンとくる、といったことを意味しています。

　たとえば、総務省統計局が発表している2024年1月1日時点の日本の総人口は1億2488万5175人。これを下1ケタまで覚えるのはとても大変ですし、その必要もありません。無理に覚えようとして、「1億4880万人だったっけ？」と大事な数字を間違えて覚えてしまう危険性もあります。

　でも、「約1億2000万人」なら誰でも覚えられます。そして覚えているからこそ、普段の生活で活用することもできます。

　扱いやすい数字に変換することは、ざっくり計算の超基本なのです。

数を丸めることで扱いやすくなる！

1億2488万5157人　　　約1億2000万人

 丸める

扱いにくい！
- 覚えづらい
- 計算しにくい
- ピンとこない

扱いやすい！
- 覚えやすい
- 計算しやすい
- ピンとくる

もっとも一般的な切り上げ・切り捨てのルール「四捨五入」

　どのケタをどんな基準で切り上げても、切り捨てても数学的には自由ですが、もっともバランスのいい丸め方があります。それが小学校で習う「四捨五入」。丸めたいケタの数字に着目し、0～4ならそのケタ以降をゼロに置き換え、5～9なら1つ上のケタに切り上げたうえでそのケタ以降をゼロに置き換える方法です。

　ざっくり計算でも基本は「四捨五入」ですが、<u>状況によってはこのルールに従わない方がいい場面もある</u>ので注意してください（この点については次項で説明します）。

「倍数に丸める」方法

　「倍数に丸める」という方法をご紹介しましょう。これは、具体的に問題を見ていくとわかりやすいです。

「3110÷8」というような問題では、上から3ケタ目を四捨五入すれば、「3100÷8」となり、上から2ケタ目を四捨五入すれば「3000÷8」となりますが、どちらも計算しづらいです。
　そこで、8の倍数が8、16、24、32であることを利用して、上から1ケタか2ケタが「8の倍数」になるようにすれば計算しやすくなります。この場合なら、少し強引でも「3200÷8」に変形してしまえば、簡単に400という概算値が得られるわけです。
　四捨五入だけにとらわれる必要はありません。数に対して柔軟に向き合い、式や数を自由に変形して、計算がラクにできるようにしましょう！

「精度と情報量」のバランス

　どのケタで丸めてもいいと書きましたが、**ざっくり計算でのオススメは上から2ケタまでの数は残し、上から3ケタ目で切り上げや切り捨てを行うことです。**ざっくり計算といっても最低限の精度は欲しいので、「計算の精度」と「暗算で扱える情報量」のバランスを考えると、上2ケタ残しがちょうどいい場合が多いです。

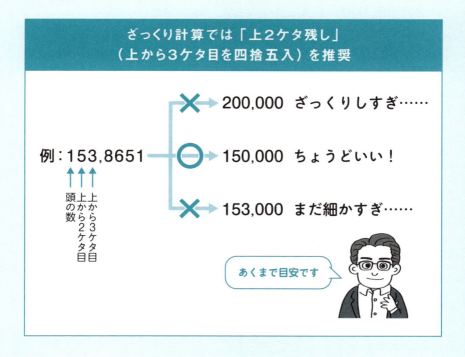

概数を使ったワリカンの計算方法

　ここで冒頭の会話文を見てみます。
　数学的な問いとしては「23850÷6」ですが、これをこのまま暗算する気は起きないでしょう。そうかといって、ワリカンをするだけのために筆算をしたり計算機を使ったりする必要もなさそうです。
　こういうときこそ、まずは2万3850円というスッキリしない数を約2万

4000円という扱いやすい数に置き換える。すると実質的に計算しなければいけない対象は「24÷6」なので、1人4000円という結果がすぐに出ます。

おつりの150円を6人で割ると1人25円ですが、これは会計を済ませてからゆっくりやりとりすればいいわけです。

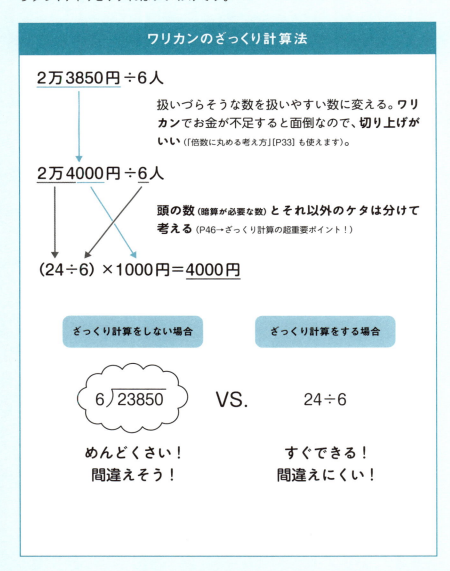

概算値であることを伝えておく

　このお会計の例では、「4000円」というざっくり計算の答えによって、多人数によるやりとりの煩雑さを避けることができます。

　しかし、丸めた数字であることを伝えておかないと、文脈によっては相手が勘違いしてしまう可能性もありそうです。そのときに使われるのが、「約」「おおよそ」「だいたい」「くらい」「ざっくり」「程度」「近辺」「ほぼ」「強」「弱」などの表現です。

　何パーセントくらいの誤差ならこの表現を使うといった厳密な定義はありませんが、相対的な基準はなんとなくあります。下記の図を頭の片隅に入れておくと、上手にざっくり計算ができるようになるでしょう。

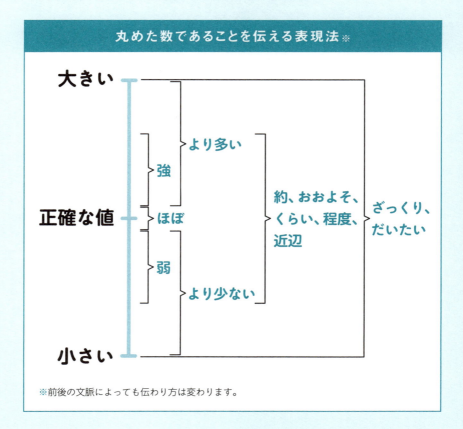

※前後の文脈によっても伝わり方は変わります。

2 四捨五入で大きな誤差が生じてしまうケース

870円のおみやげを15個買ったよ。四捨五入すると『900×20』だから、総額1万8000円くらいかな

ざっくりしすぎ。
1万3000円
ちょいでしょ

四捨五入の最大誤差は33.3％！

　四捨五入はどの数をどのケタで丸めるかで結果に大きな誤差が生まれます。特に頭の数1ケタ残しの概数にしたいとき、頭の数が1や2といった小さい数で四捨五入した場合、たとえば15なら20になり、**その誤差は33.3％にもなります**（差5÷元の数15＝33.3％）。2ケタの数を四捨五入したとき誤差が10％を超えるのは、具体的には12〜18、23〜27、34〜36、45（次ページ参照）。四捨五入するケタが5に近いほど大きな誤差が生じます。逆に数が60台、70台、80台、90台と頭の数が大きくなるほど誤差は小さくなります。

　数を丸めるときは上2ケタ残しが基本ですが（「2ケタ×2ケタの暗算」はP56）、それが面倒なら2ケタ×1ケタの暗算にする手もあります。まず「87」と「15」を比べて、誤差の少なそうな「87」を四捨五入すると「900×15」＝1万3500円。実際の正確な値である1万3050円との差は小さくなります。

　さらに、「どうしても1ケタ同士のかけ算がいい！」という人は、15を20に切り上げる代わりに、870を800にざっくと切り下げてバランスをとるという戦略もアリです。「800×20」＝1万6000円でまだ誤差は大きいですが、「900×20」＝1万8000円よりはマシですね。

上から2ケタ目の四捨五入誤差早見表

「頭の数が小さい数」で「上から2ケタ目が5に近い」ほど四捨五入による誤差が大きい

15前後の四捨五入は避けたい

誤差10%以上

元の数字	四捨五入	誤差の割合	元の数字	四捨五入	誤差の割合	元の数字	四捨五入	誤差の割合
11	10	−9.1%	41	40	−2.4%	71	70	−1.4%
12	10	−16.7%	42	40	−4.8%	72	70	−2.8%
13	10	−23.1%	43	40	−7.0%	73	70	−4.1%
14	10	−28.6%	44	40	−9.1%	74	70	−5.4%
15	20	33.3%	45	50	11.1%	75	80	6.7%
16	20	25.0%	46	50	8.7%	76	80	5.3%
17	20	17.6%	47	50	6.4%	77	80	3.9%
18	20	11.1%	48	50	4.2%	78	80	2.6%
19	20	5.3%	49	50	2.0%	79	80	1.3%
20	20	0.0%	50	50	0.0%	80	80	0.0%
21	20	−4.8%	51	50	−2.0%	81	80	−1.2%
22	20	−9.1%	52	50	−3.8%	82	80	−2.4%
23	20	−13.0%	53	50	−5.7%	83	80	−3.6%
24	20	−16.7%	54	50	−7.4%	84	80	−4.8%
25	30	20.0%	55	60	9.1%	85	90	5.9%
26	30	15.4%	56	60	7.1%	86	90	4.7%
27	30	11.1%	57	60	5.3%	87	90	3.4%
28	30	7.1%	58	60	3.4%	88	90	2.3%
29	30	3.4%	59	60	1.7%	89	90	1.1%
30	30	0.0%	60	60	0.0%	90	90	0.0%
31	30	−3.2%	61	60	−1.6%	91	90	−1.1%
32	30	−6.3%	62	60	−3.2%	92	90	−2.2%
33	30	−9.1%	63	60	−4.8%	93	90	−3.2%
34	30	−11.8%	64	60	−6.3%	94	90	−4.3%
35	40	14.3%	65	70	7.7%	95	100	5.3%
36	40	11.1%	66	70	6.1%	96	100	4.2%
37	40	8.1%	67	70	4.5%	97	100	3.1%
38	40	5.3%	68	70	2.9%	98	100	2.0%
39	40	2.6%	69	70	1.4%	99	100	1.0%
40	40	0.0%	70	70	0.0%			

対策1 頭の数が大きい（8や9）なら四捨五入　例：84×98→80×100

対策2 上から2ケタ目が小さい（1や2）、または大きい（8や9）なら四捨五入
例：41×79→40×80

対策3 誤差の少ない数だけを四捨五入する　例：67×15→70×15

対策4 片方を切り上げ、片方は切り下げて調整する　例：87×15→80×20

まずはこれだけ！ 基本のざっくり計算テクニック

3 足し算や引き算が苦手な人が知らない「補数」の考え方

この薬、副作用の確率が2%もあるんですよ!

98%大丈夫ともいえるけどね

小1で繰り返し「足して10になる計算」をする理由

「1に対する9」「25に対する75」のように、**ある数に足すとキリのいい数字(1や10や100など)になる数を、「補数(complement)」といいます。** 一見地味ですが、さまざまな計算で使う超重要な概念です。

たとえば「14＋9」という足し算では、4の補数が6であることを知っているので、「繰り上がりには6必要→9のうちの6を足してから、あとで3を足そう」と瞬時にわかるわけです。「14－9」という引き算でも、9の補数が1だと知っているからこそ「4＋1」という暗算ができます(ていねいに書けば、「14－10＋1＝4＋1」)。

繰り上がりや繰り下がりが起きる計算では毎回補数を使うので、はじめて足し算を学ぶ小学生は「足して10になる数」を繰り返し勉強します。足し算や引き算が苦手という方がいたら、補数に慣れていないことが原因かもしれません。まずは「足して10になる数」を確実に覚えましょう。

次は「足して100になる数」。十の位は足して9になる数、一の位は足して10になる数を見つけるのがコツです。たとえば64の補数は「6を9にするには3、4を10にするには6必要」と考え、素早く36と暗算できます。

40　　Part 2

足して10になる数（補数）は考えなくても思い浮かぶようにする

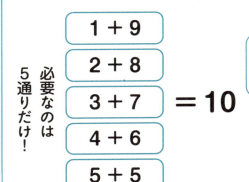

たとえば、「7」を見たときに反射的に「3」が思い浮かべば補数が脳に定着した証しです！

2ケタの補数（足して100になる数）は「足して9」がカギ

コツ

十の位　→　足して9になる数
一の位　→　足して10になる数

例：64の補数

64
足して9になる数は？　足して10になる数は？
36

補数が見えるとこんな計算も簡単になる！

987×9
補数は「13」

$= 1000 \times 9 - 13 \times 9$
（暗算法はP54）

$= 9000 - 117$

$= 9000 - 100 - 17$
補数は「83」

$= 9000 - 200 + 83$

$= 8883$

まずはこれだけ！ 基本のざっくり計算テクニック

表を見たときすぐ裏が見えるか

また、補数は冒頭の会話例のようにパーセントの世界や、小数、分数の世界でも使います。

表の数字を見たとき、同時に裏の数字も見える。そんな「補数的思考」を使う場面も、このあといろいろ出てきます。

補数はパーセントや小数、分数でも使う

パーセント	小数	分数
5% ＋ 95%	0.05 ＋ 0.95	1/50 ＋ 49/50
10% ＋ 90%	0.1 ＋ 0.9	1/10 ＋ 9/10
15% ＋ 85%	0.15 ＋ 0.85	3/20 ＋ 17/20
20% ＋ 80%	0.2 ＋ 0.8	1/5 ＋ 4/5
25% ＋ 75%	0.25 ＋ 0.75	1/4 ＋ 3/4
30% ＋ 70%	0.3 ＋ 0.7	3/10 ＋ 7/10
35% ＋ 65%	0.35 ＋ 0.65	7/20 ＋ 13/20
40% ＋ 60%	0.4 ＋ 0.6	2/5 ＋ 3/5
45% ＋ 55%	0.45 ＋ 0.55	9/20 ＋ 11/20
50% ＋ 50%	0.5 ＋ 0.5	1/2 ＋ 1/2
＝ 100%	＝ 1	＝ 1

時間について考えるときも補数を使っています。たとえば「いま8時37分だけど、9時まであと何分だ？」というようなときですね（あと23分！）

4 補数が一瞬でわかる「9、9、10メソッド」とは

コーヒー472円でした。1000円預かってたから、おつりは……

528円だね

おつりの計算も速くなる！

　足して100になる数（補数）くらいなら、頭でパッと計算できる人は多いかもしれません。では足して1000や10000の数だったらどうでしょう？　補数の計算は、買い物で千円札や一万円札などを出したときのおつりを計算するのと同じことなので、日常的に必要になってきます。

　ここでぜひ活用したいのが、前項で紹介した「足して9」という考え方。実はこれ、足して100になる数だけでなく1000でも1万でも、1億でも使えるのです。たとえば「1000－472」（＝472の補数）を暗算するとき、一の位から計算する筆算とは逆に、大きなケタから右へ計算します。その際、**キリのいい数字（引かれる数）の一の位以外を「9」に置き換え、一の位だけ「10」に置き換えます。** つまり10から4を引くのではなく、9から4を引く。次のケタも9から7を引く。そして最後のケタだけ10から2を引きます。

$$1000 － 472 ＝ (9－4)×100 + (9－7)×10 + (10－2) ＝ 528$$

　補数を求める計算を筆算で解くとき「隣から1を借りる（繰り下がり）」が必ず

キリのいい数字の補数は暗算でできる

STEP 1

キリのいい数字の一の位以外を「9」に、
一の位を「10」に置き換える

```
      9 9 10
      1̸0̸0̸0̸
  −    4 7 2
```

> 筆算では
> 必ずこの形になるため
> 最初から変換しておく

100	➡ 9、10
1000	➡ 9、9、10
10000	➡ 9、9、9、10
100000	➡ 9、9、9、9、10

STEP 2

大きなケタ（左）から右に向かって計算する

> 繰り下がりが
> 起きないので
> 安心して左から
> 暗算できる！

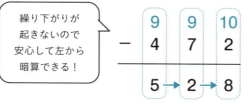

> 筆算は右から左へ
> 計算するので、
> 一の位から計算結果が
> 出てくるという
> 弱点があります

「ごひゃく」「にじゅう」「はち！」

> 声に出すと自分の耳に入ってくるので
> 短期記憶に残りやすい

発生するので、どのみち9、9、10という形に変換されます。だったら、最初から変換するステップを省略するという作戦です。

繰り下がりのない引き算は暗算で解ける

　大きい数の計算は基本的に筆算で解くと小学校で教わったからか、**繰り下がりのない引き算は暗算で解ける**ことに気づいていない人もいます。

　先に式をチラッと見て繰り下がりが起きないことがわかったら、躊躇せず暗算で解きましょう。左から右へ暗算しながら答えを読み上げていけば、短期記憶を使わないので省エネです。

　足し算も同様で、繰り上がりが起きないなら暗算で解くことができます。

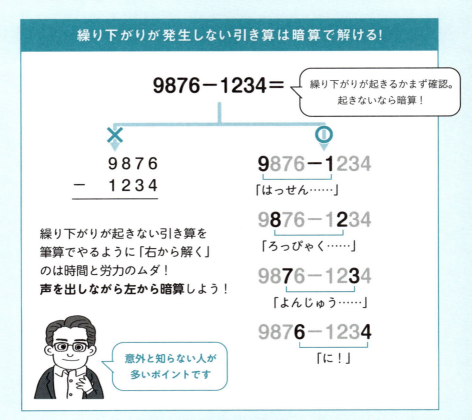

5 大きな数は「頭の数」と「ケタ」を分けて計算する

1240円の商品を1900個仕入れるには……いくら必要?

240万円くらいですね

ざっくり計算ならではのテクニック

　人が何か物事を集中して考えるときは、ワーキングメモリと呼ばれる脳の作業台のようなものを使います。ワーキングメモリの大きさは有限なので、一度に多くの情報を処理しようとすると情報が抜け落ちてしまい、ミスの原因になってしまうことがあります。

　数字に強い人たちが暗算をするときは「頭の数」と「ケタ」を分け、それぞれを計算してから最後に合体させています。ざっくり計算ではゼロがたくさん出てくるので、なおさらケタを分けた方が効率的です。

　たとえば「1240×1900」。概算を求めるだけなら「1200×2000」※にして計算しやすくすれば十分ですが、その状態での暗算でもケタを間違えたり、途中でパニックになって思考が止まったりすることがあります。

　これを防ぐには、まず「12×2＝24」だけを暗算し、次に残りのゼロを数えて「ゼロが5つだから10万」と判断します。最後にそれぞれの答えを合体させることで（24×10万）、「240万」という答えにたどり着けます（「ゼロが5つで10万」といった大きなケタの扱い方はP74で説明します）。

　考えることを小さくして、個別に処理するのが速く安全に計算するコツです。

※1900は上から2ケタ目が9で誤差が少ないので丸めました（P38）

頭の中の「ワーキングメモリ」を有効に使う

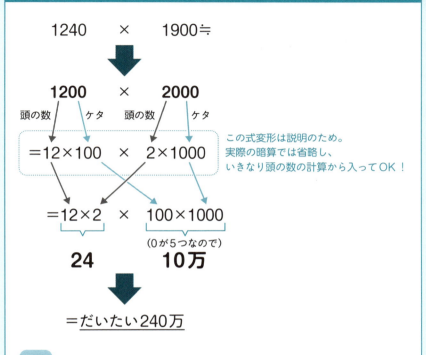

例　7億2000万×200＝72×2×1000万×100

例　0.04×0.63＝4×63×0.01×0.01

小数点のかけ算は混乱しやすいので
しっかり「意味」を理解するのがコツ。
P79で解説します。

大きな数の扱い方は
次のPartで説明します！

まずはこれだけ！基本のざっくり計算テクニック

できれば頭の数は1ケタ（10未満）にする

　ここで解説した「頭の数」と「ケタ」を分けるというのは基本的な考え方で、もちろんすぐに実践で使えます。ただし、頭の数の計算をしているときにもし答えが3ケタになると、ケタの計算と合わせるときに混乱して計算ミスを犯すおそれがあります。

　それを防ぐには、「頭の数」と「ケタ」を分ける段階で「頭の数」を1～9台の数にすることを奨励しています。先ほどの「1200×2000」の場合なら、頭の数の計算を「12×2」ではなく「1.2×2」にします。そして、ケタの計算は「100×1000」ではなく「1000×1000」です。「2.4×100万（6ケタ）」ですね。

　最初は違和感があるかもしれませんが、計算の意味を考えやすくなるので、この計算方法の方がミスはずっと減ります。ケタを分ける作業に慣れてきたら、ぜひ試してください※。

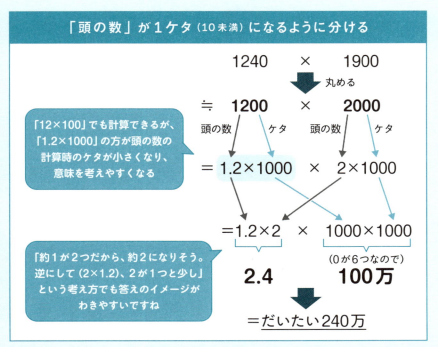

※他にも計算の意味を考えやすくする方法はあります。「1200×2000」のゼロを1つずらすと「12000×200」。約1万が200個なので、約200万が答えになると推測できそうです。

6 暗算が一気にラクになる「足し算テク」3選

A会場の入場者が988人、B会場が504人。合わせて……えーと……

1492人だね

ちょっとした工夫で計算が高速化！

　計算のもっとも基本となる足し算。小学校では筆算の仕方を覚えたらそれ以上教わることはありませんが、**足し算でも条件次第で暗算が速くなるテクニックが存在します。**ここでは特に便利な3つをご紹介しましょう。

- 足し算テク①──キリのいい数に変換してから微調整する
- 足し算テク②──補数のペアを優先して足す
- 足し算テク③──基準値からの誤差を足したり引いたりする

　上記の会話で使っているのは、①の「キリのいい数に変換してから微調整する」という方法です。988を1000に、504を500に変換してそれらを足すと1500。概算ならここで終わりですが、正確さを求めるなら、その状態から元の数字との差を足したり引いたりして答えを求めます。

$$988 + 504 = 1000 + 500 + (-12 + 4) = 1492$$

まずはこれだけ！ 基本のざっくり計算テクニック

ここでもやはり、考えることを小さくして個別に処理することで、計算を高速化しています。

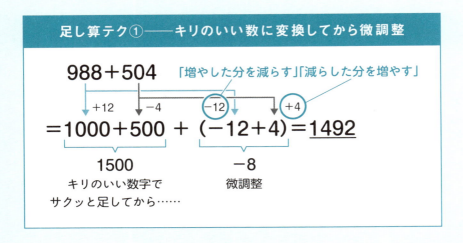

補数のペアを探す

　足すとキリのいい数になるのが補数ですから、式のなかに補数のペアを見つけることができたら、それを優先して足すのも1つの手です。

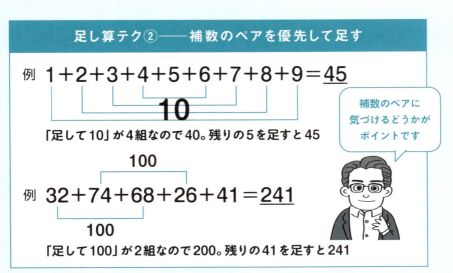

近い数字が多いとき

　似たような数を複数足すとき、それらの数に一番近そうなキリのいい数を基準値にする方法もあります。その基準値をデータの数でかけて概算値を求めたら、それぞれの数の「基準値からの差」だけに注目してすべてを足し、最後に調整します。先ほどの足し算テク①に近い考え方ですね。

足し算で扱う数のケタ数が減らせるので、暗算が飛躍的にラクになります。
計算結果をデータ数で割れば、平均値を求めることもできるテクニックです。

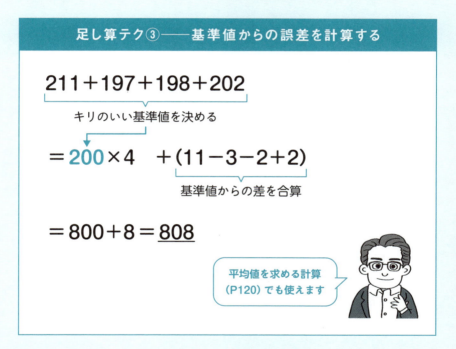

7 引き算は「左から引く」か「右から引く」か

15から7を引くと……えーと……。
引き算、なんか苦手なんですよね

5＋3＝8でもいいし、
7－5＝2の補数と
考えてもいいね

「繰り下がりのある引き算」をする2種類の考え方

引き算を暗算するコツは、補数を活用することです。

たとえば「15－7」を解くとき、頭のなかで15を「スッキリした数の10とあまりの5（つまり10＋5）」に分解してみると、計算しやすい方法が見つかりやすくなります。この式では10から7を引くと3。あまりの5と3を足して8という流れで計算をする人が多いのではないでしょうか。

引き算の計算方法は、大きく分けて2種類あります。上の方法は、私が「左から引く方法」と呼んでいるものです。もう1つ、「右から引く方法」もあります（次ページ参照）。

では、どのような場合にはどちらを使えばいいのでしょうか。たとえば「1013－289」など、パッと見で引きづらい場合は左から引くのがオススメです。1000から289を引いてから、13を足すわけです。一方「234－35」など、わずかな差で繰り下がりが発生するようなら右から引くのがオススメ。234からいったん34を引いて、さらに1を引くことになります。

ただ絶対的な決まりはないので、まずは試行錯誤してみてください。何度かやっているうちに、自然と使い分けられるようになります。

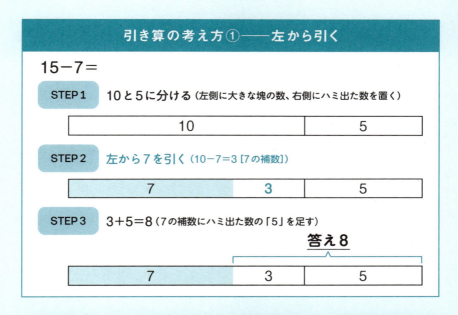

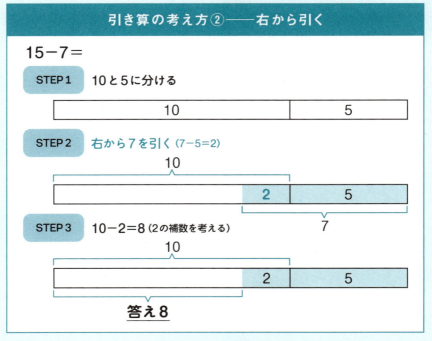

まずはこれだけ！ 基本のざっくり計算テクニック 53

8 2ケタ×1ケタの暗算を瞬殺する「プラス棒メソッド」

この製品、24個入りが7セットある。ということは全部で……

168個ですね

「プラス棒」で区切ると暗算しやすくなる

　数字に強い人になるためにぜひ覚えていただきたいのが、「2ケタ×1ケタ」の暗算です。「そんなの絶対に無理！」と思う人がいるかもしれませんが、<u>九九ができる人なら必ずできるようになります。</u>

　先ほど、「ざっくり計算では上2ケタを残すのが最適なことが多い」と書きましたが、その数字に暗算で1ケタの数をかけることができないと、数を丸めた意味がなくなってしまいます。

　「2ケタ×1ケタ」を暗算したければ、筆算で具体的にどういう計算をしているか思い出してください。たとえば「24×7」の筆算では、「4×7＝28」「2×7＝14」「4＋2（十の位の足し算）」を暗算しています。

　私が「プラス棒」と呼んでいる方法では、まず十の位の「2×7＝14」、次に一の位の「4×7＝28」を暗算します。そして短期記憶に「14」と「28」が残っているうちに、重複する十の位の足し算「4＋2」をします（「14＋2」でもOK）。これくらいならギリギリ短期記憶で暗算できます。

　また、一の位同士の積が10を超えない場合（例「81×4」「62×3」）は十の位の足し算がないので、なおさら十の位から暗算した方が速いです。

「2ケタ×1ケタ」を暗算する二つの方法

■ 基本的な暗算

STEP 1　十の位と一の位を個別に計算

STEP 2　重複するケタを足せば積が出る

> 筆算とは違って十の位から暗算するのがポイント。
> この考え方でも十分速く解けるならそれでもOK！

■ より高速に暗算ができる「プラス棒メソッド」

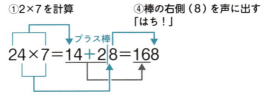

① 2×7を計算
② 4×7を計算し「プラス（＋）」と「棒（│）」を入れる
③ 棒の左側を計算（14＋2）し声に出す「ひゃくろくじゅう〜」
④ 棒の右側（8）を声に出す「はち！」

> 頭のなかで2つのかけ算の結果を並べて
> 右の数を棒で区切ることをイメージすると
> 暗算しやすいです

2ケタ同士のかけ算が暗算できる「2倍と半分のテクニック」

機械のレンタル代が月18万円で12カ月分か。電卓どこだっけ？

えっと……216万円ですね

式はどんどん変えてしまおう！

2ケタ同士のかけ算になると、さすがにインド式計算法などを駆使しないと暗算は難しくなってきますが、条件に合っていて、工夫をこらすことができれば、まだまだ暗算することも可能です。

私はまず、「片方の数を2倍、もう片方の数を半分にしたら『2ケタ×1ケタ』の形に持ち込めないか？」をチェックします。これは私が「2倍と半分のテクニック」と呼んでいるもので、意外に使えます。

たとえば「18×12」。18を2倍して、12を半分にしたら「36×6」です（「9×24」でもOK）。これであっさり「2ケタ×1ケタ」にすることができました。あとは先ほどのプラス棒メソッドなどで暗算するだけです。

「式を勝手に変形して大丈夫なの？」と思われる方がいるかもしれませんが、やっていることは分母と分子に同じ数をかけているだけ。したがって、答えに影響することはありません。

なお、暗算をする前に「概算で『20万円×10カ月』だから、答えは200万円くらいだな」とざっくり計算しておくと、大きな計算ミスに気づくことができます。

56　Part 2

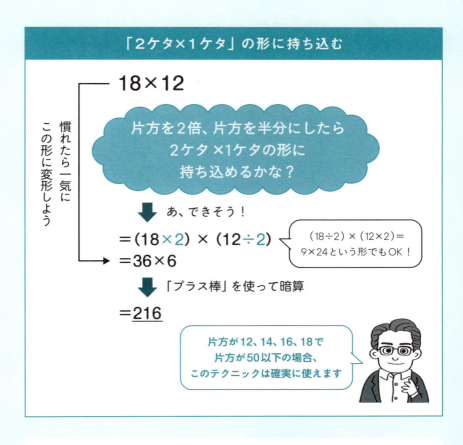

考え方次第でさまざまな応用が可能

　このテクニックは暗算部分が「2ケタ×1ケタ」の形になればいいので、「ケタの多い数」でも使えます。
　たとえば「34×25」では、34を半分に、25を2倍にすれば「17×50」と暗算可能になります。あるいは「150×2400」でも、150を2倍にして2400を半分にすれば「300×1200」。もう一度「2倍と半分のテクニック」を使えば「600×600」になるので、ケタを分けたりプラス棒を使ったりするまでもなく「360000」と暗算できます。

こんな式でも使える「2倍と半分」

■ 半分にしても1ケタにならないが
2ケタ×1ケタに持ち込めるケース

$34×25$
$=(34÷2)×(25×2)$
$=17×50$
$=17×5×10=\underline{850}$
2ケタ×1ケタ ケタは分けて計算

慣れたら一気にこの形に
変形してみよう

■ ケタの多いケース

$150×2400$
$=(150×2)×(2400÷2)$
$=300×1200$※
$=3×1.2×100×1000$
　1～9台の　　ケタは分けて計算
　数に調整

$=3.6×10万=\underline{36万}$

「2ケタ×1ケタ」に持ち込むワザ

　「『2ケタ×1ケタ』に持ち込めば暗算で解ける!」という意識を持っていると、いろいろなアイデアが湧いてきます。実際に暗算しやすいかどうかは数次第ですが、たとえば以下のようなテクニックも思いつくはずです。

　大人向けの数学教室でこうした方法を教えると、多くの人が「たしかに!」「なぜ気づかなかったのか」「数学って自由だ!」などと驚かれます。

※もう一度「2倍と半分」を使うと「600×600」になり、より計算が楽になります。

58　　Part 2

なんとかして「2ケタ×1ケタ」にする

■片方のかける数を「足し算(もしくは引き算)」にする

18×12
$= (20 - 2) \times 12$
$= \underline{(20 \times 12)}_{2ケタ×1ケタ} + \underline{(-2 \times 12)}_{2ケタ×1ケタ}$
$= 240 - 24$
$= 216$

> キリのいい数でざっくり概算してから、細かい差を計算する作戦

> 分配の法則

■片方の数を「2倍÷2」にする

43×35
$= 43 \times 70 \div 2$
$= \underline{(43 \times 7 \times 10)}_{2ケタ×1ケタ} \div 2$
$= 3010 \div 2$
$= 1505$

> 一の位が5なら、2倍すると一の位が0になる

> ÷2は暗算がしやすい!

> 43は奇数なので計算しづらいかも。ざっくりでいいなら偶数の42にすればラクになります
> (「倍数に丸める」(P33)参照)

まずはこれだけ! 基本のざっくり計算テクニック

10 暗算できるように式を変形する「段階割り算法」

機器のリース代が年間177万円ということは、1カ月当たりだいたい……

15万円弱ですね

約数を使い段階的に割っていく

式を変形して暗算できる形にするのは割り算でもできます。冒頭の会話でざっくり計算したいなら、まず177を180に丸めて12で割ると「180÷12」。でも、数字が苦手な人はまだ暗算しようとは思わないかもしれません。

ここで「÷12」を「÷2÷6」に変えてみます。「180÷2＝90」と一瞬で暗算でき、「90÷6」も少し考えれば「15」と計算できます。割り算は筆算でも左から計算するので、実は暗算しやすいのです。

180÷12＝180÷2÷6＝90÷6＝15

2と6がどこから出てきたかというと、12の約数です（12の約数は1、2、3、4、6、12）。「12＝2×6」ですね。180が12で割り切れることがすぐわかるならこの方法を使う必要はありませんが、12で割り切れるかわからないときに、12と180の共通の約数（公約数）を探すのがこの計算方法のミソです。今回の180は12の約数3と4でも割り切れるので、「÷12」を「÷3÷4」に分解してもかまいません。

倍数に丸める考え方（P33）を使って、約数の多い数に変形してあげるとこの計算の真価が見えてきます。

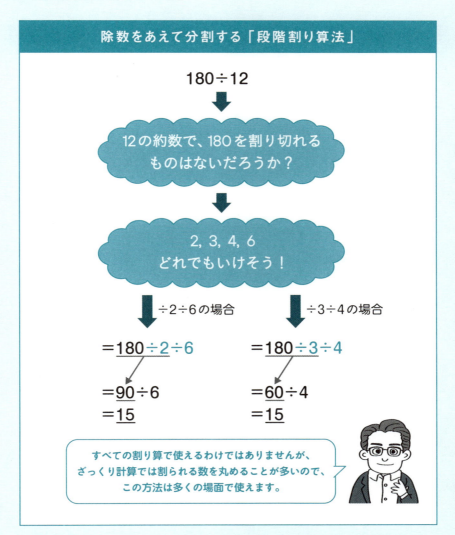

なぜ「÷12」を「÷3÷4」にしていいのか

また、「÷12」を「÷3÷4」や「÷2÷6」に変形する箇所で引っかかってしまう人がいるかもしれません。

こうした式変形が許される理由は、板チョコレートを12分割する状況をイメージしてみると理解できるはずです。

まず大きな1枚のチョコレートを12分割すると、1つの大きさは「1/12」になります。

では今度は大きな1枚を12分割ではなく3分割して、その3分割された1つを4分割したら、1つの大きさはどうなるでしょう？ 1/3の1/4なので、同じように「1/12」になります。

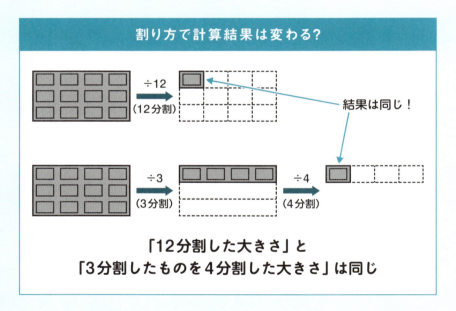

11 割り算は「約分」してから解くと速い

バカ売れしたあの商品、1個198円で約600万円売り上げました！

3万個以上も売れたのか

共通する「ゼロ」の数で約分する

　前項に続いて約数の話です。約数をうまく活用することができれば、暗算では難しい割り算を素早く解けるようになります。

　分子と分母に共通する約数（公約数）で分数をどんどん小さくしていくことを約分といいますが、**割り算の式も分数と見立てて、できるところをサクサク約分していけば計算がどんどん簡単になっていきます。**無理に最大公約数を探したりする必要もありません。

　たとえば今回の式は198を200に丸めると「600万÷200」。分数で表すと「600万／200」ですね。

　すぐに気づくのは分子と分母にある「00」。つまり100が公約数だとわかるので、約分します。すると式は6万／2と一気にシンプルになるので、3万だとすぐにわかります。

　特にざっくり計算では数を丸めることがよくあるので、共通するゼロの数で約分するという作業は頻繁に行うことになります（大きな数の計算は、次項で取り上げます）。

とりあえず約分してみよう

教科書的に**最大公約数を求める必要はありません**！
暗算しやすい形に変形することが目的なので、
「公約数に気づいたら約分する」くらいでOK

例 600万÷200＝

$$\frac{600万}{200} = \frac{6万}{2} = \underline{3万}$$

100で約分　2で約分

「2で約分」は「半分にする」と考えましょう

例 8000万÷200＝

$$\frac{8000万}{200} = \frac{80万}{2} = \underline{40万}$$

100で約分　2で約分

例 2700÷180＝

$$\frac{2700}{180} = \frac{270}{18} = \frac{30}{2} = \underline{15}$$

10で約分　9で約分　2で約分

例 5万5000÷500＝

$$\frac{5万5000}{500} = \frac{550}{5} = \underline{110}$$

100で約分　5で約分

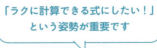

「ラクに計算できる式にしたい！」という姿勢が重要です

12 「パーセント」を秒で数値に変換する方法

前期売上は2億4789万円だったが、今期は30％もアップしたよ。増加分は……

約7500万円ですね

「1％、10％、50％」を基準にする

「売上10％アップ」や「商品30％引き」など、元の数からの増減をパーセンテージ（割合）で表現することはよくあります。これを実際の数値に変換する教科書的な方法は「パーセントを小数に変え、かけ算する」です。

しかし、頭のなかで暗算するときは、「1％分」「10％分」「50％分」の変換を以下のように高速で行い、その値を基準にするのが基本です。

- 1％——**元の数から2ケタずらす**（小数点の位置を左に2つずらす）
  （例）「1000×1％＝10」
- 10％——**元の数から1ケタずらす**（小数点の位置を左に1つずらす）
  （例）「1000×10％＝100」
- 50％——**元の数を半分にする**
  （例）「1000×50％＝500」

これが瞬間的にできれば、今回の30％という割合も「約2億5000万の10％は2500万。その3つ分だから7500万」とスッと解くことができます。

まずはこれだけ！ 基本のざっくり計算テクニック

基本テク①――1%、10%、50%を基準に計算する

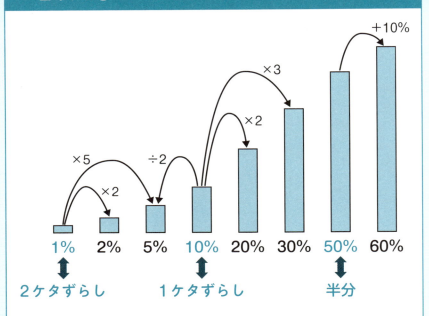

- 例 2億5000万の30%
  (考え方) 2億5000万の10%＝1ケタずらしで2500万
  その3倍だから<u>7500万</u>

- 例 9200万の2%
  (考え方) 9200万の1%＝2ケタずらしで92万
  その2倍だから<u>184万</u>

- 例 4800の60%
  (考え方) 4800の半分＝2400
  4800の10%＝1ケタずらしで480
  足すと<u>2880</u>

次項で別の計算方法も紹介します！

「2ケタ×1ケタ」で解いてもいい

「1%、10%、50%」のようなわかりやすい割合ではない場合は、いろいろなテクニックを使いましょう。たとえば前ページの例題「4800の60%」なら、「4800×0.6」を計算してもいいです。あるいは、「2倍と半分のテクニック」で「9600×0.3」を計算するのがよさそうだ、と感じた人もいるでしょう。

このとき、実際のかけ算をする前に超ざっくりと答えの大きさを予測しておくと、ケタを間違えることはありません。この概算によってケタの計算を考える必要がなくなるので、よりかけ算に集中しやすくなります。

このように、答えのケタを予測して計算を省略する方法は便利なので、ぜひ覚えておきましょう。

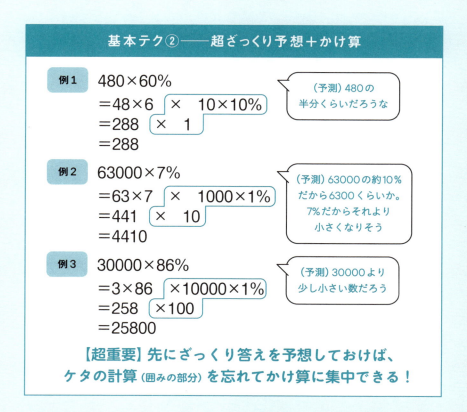

まずはこれだけ！ 基本のざっくり計算テクニック

13 「パーセント」「小数」「分数」を自在に行き来するコツ

あの部品の不良率は0.02%だそうです

5千個に1個か。設計を見直した方がよさそうだな

自分が扱いやすい形に変換しよう

　パーセント（割合）を扱うときにもう1つ必ず覚えておきたいのは、「パーセント表記」と「小数表記」と「分数表記」の変換を瞬時に行えるようにしておくと便利だということです。

　パーセントも小数も分数も、結局は「割合の表現方法」の違いにすぎないわけですが、数字に強い人はこの変換が非常に速いです。経験を積んでいけば自分に合った（計算のしやすい）形がわかってくるので、得意な形に変換することを習慣にしていきましょう。

　とはいえ、**覚えるべきは（パーセントを基準にした場合）使用頻度の高い「0.01%、0.1%、1%、10%」の4つ。**万が一迷ったら、焦らずに「1% ＝ 0.01 ＝ 1/100」を基準にしてケタをずらしていきましょう。

　冒頭の会話では、「0.01% ＝ 0.0001 ＝ 1万分の1」だと記憶していれば、その2倍の確率なので1万分の2、つまり5千分の1と計算できます。誤って「2万分の1」と解釈しないように気をつけましょう。

　もし混乱してしまったら、「1%は100分の1で、2%は50分の1。0を2つずらして…」とピンときやすい数に置き換えて考えるのがコツです。

使用頻度が高いものはこれだけ

0.01%	0.1%	1%	10%
↕	↕	↕	↕
0.0001	0.001	0.01	0.1
(4ケタずらし)	(3ケタずらし)	(2ケタずらし)	(1ケタずらし)
↕	↕	↕	↕
$\frac{1}{10000}$	$\frac{1}{1000}$	$\frac{1}{100}$	$\frac{1}{10}$
(1万人に1人)	(千人に1人)	(百人に1人)	(十人に1人)

余裕があれば歩合（割）も変換できるようにしましょう。「1割＝10％＝0.1＝1/10」です

まずはこれだけ！ 基本のざっくり計算テクニック

14 覚えれば一生便利に使える「パートナーナンバー」とは

10万円の社長賞をもらったよ。部内の13人で分けると1人いくらかな?

7700円くらいですね

「かけ算⇔割り算」がすぐできる魔法の組み合わせ

　aとbをかけ算した答えが1のとき、aとbは「逆数」の関係にあります。たとえば3の逆数は1/3 (0.333……) で、0.5の逆数は2。aの逆数は「1÷a (1/a)」で求められます。ただ、文系の方は逆数と聞いても「昔、学校で習ったかも」という程度で、使い道がいまいちピンとこないようです。

　そこで私は逆数を四捨五入して扱いやすくした数を「パートナーナンバー」と名づけ、ざっくり計算で活用することを推奨しています。**パートナーナンバーを使うとかけ算を割り算に、割り算をかけ算に素早く変換できます。**

　たとえば「10万÷13」の暗算は大変ですが、13のパートナーナンバーが7.7% (0.077) であることを知っていれば、「10万×7.7%」なので暗算が圧倒的にラクです。あらかじめ「10万の10％未満だから、答えは1万弱か」と概算しておけば、ケタの計算は不要になります。

　次ページにあるパートナーナンバーの一覧表で「必須」とあるのは、すでに知っているかすぐに計算できるもの。ぜひ暗記にチャレンジしたいのは「÷6、÷7、÷8、÷9、÷11、÷12」です。このうち「÷11」は消費税の計算 (P168)、「÷12」は月当たりの計算 (P165) で使います。

パートナーナンバー一覧表

÷2	⇔	×50%	×0.5
÷3	⇔	×33% (33.3%)	×0.33 (0.333)
÷4	⇔	×25%	×0.25
÷5	⇔	×20%	×0.2
÷6	⇔	×17% (16.7%)	×0.17 (0.167)
÷7	⇔	×14% (14.3%)	×0.14 (0.143)
÷8	⇔	×12.5%	×0.125
÷9	⇔	×11% (11.1%)	×0.11 (0.111)
÷10	⇔	×10%	×0.1
÷11	⇔	×9% (9.1%)	×0.09 (0.091)
÷12	⇔	×8.3%	×0.083
÷13	⇔	×7.7%	×0.077
÷14	⇔	×7% (7.1%)	×0.07 (0.071)
÷15	⇔	×6.7%	×0.067
÷16	⇔	×6.3%	×0.063
÷17	⇔	×6% (5.9%)	×0.06 (0.059)
÷18	⇔	×5.6%	×0.056
÷19	⇔	×5.3%	×0.053
÷25	⇔	×4.0%	×0.04
÷33	⇔	×3.0%	×0.03

必須 ÷2 〜 ÷5、÷10、÷25、÷33

かなり便利 ÷6 〜 ÷9、÷11、÷12

余裕があれば ÷13 〜 ÷19

片方のケタが増えたら、もう片方はケタを減らす！

$$÷7 = ×0.14$$

これだけ覚えておけば……

→ $÷0.07 = ×14$
→ $÷0.7 = ×1.4$
→ $÷70 = ×0.014$
→ $÷700 = ×0.0014$

いろいろな数で使える！

まずはこれだけ！ 基本のざっくり計算テクニック

> コラム

2ケタ×2ケタを一瞬で解く「十等一和」と「十和一等」

　2ケタ同士のかけ算で、ある条件のときだけ使える便利なテクニックを2つ紹介します。

　「十等一和」と「十和一等」と呼ばれているものです。

　十等一和とは、「34×36」のように「十の位の数が同じで、一の位を足すと10」になるかけ算のこと。十和一等とは「84×24」のように「十の位を足すと10で、一の位が同じ」になるかけ算のことです。

　下図のように簡単な解き方で答えが出せるので、この計算テクニックが使える式に出合うと興奮します。とはいえ、その頻度はあまり高くないので、余裕のある人は覚えておくという程度でいいでしょう。

「十等一和」（十の位が同じ数字で、一の位を足すと10になるとき）

「十和一等」（十の位を足すと10で、一の位が同じ数字のとき）

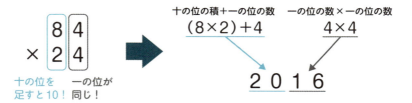

ゼロだらけの大きな数をラクに扱うワザ

Part

数字に強い人は、大きな数を扱うことが得意です。Part2で解説したような計算テクニックをいろいろ身につけたとしても、ケタが多すぎて数字が読めなかったり、大きなケタ同士の計算ができなかったりしたら、ざっくり計算が使える場面はかなり限られてしまいます。

大きな数を扱うコツは、もちろん存在します。まずは「大きな数を読む方法」をしっかり習得してもらってから、「大きな数のかけ算」と「大きな数の割り算」のテクニックをいくつか紹介します。

かけ算と割り算は方法がいくつかあるので、自分に合った方法を見つけてください。

3分でマスター！大きい数のケタを一瞬で把握する方法

A社の年商は、
(「2,000,000,000」と書いてあるのを見て)
えっと、いち、じゅう、ひゃく、せん、まん…

20億だね

日本人が大きな数を読みづらい理由

　日本人が使っている「万、億、兆、京」は4ケタごとに単位が変わりますが、これは中国由来の「万進法」というルールに則っています。したがって、4ケタごとカンマを打てば読みやすくなるのですが、現代の日本が導入している国際的な会計基準では、「千進法」に沿って3ケタごとにカンマを打ちます。そのため、日本人は大きな数を読みづらいのです。

　しかし、毎回一の位から「いち、じゅう、ひゃく、せん……」と数えているようでは手間がかかりすぎて、ざっくり計算力は高まりません。

　大きな数字を読むコツはずばり、3ケタずつ打たれているカンマの左隣の数が「千、百万、十億、一兆」だと丸暗記することです。大きな数字を見たときには、この4つの単位を基準にしてケタの判別をします。

　これが大きい数の速読法の基本です。「一兆」の3ケタ上は「千兆」ですが、これは大きすぎるので普段扱う機会はほぼありません。そのため、覚えるのは4つだけでいいでしょう。

　「千、百万、十億、一兆」は、漢字表記の頭の数が「千→百→十→一」と1ケタずつ減っていくので、比較的覚えやすいです。

> カンマの左隣はそれぞれ「千」「百万」「十億」「一兆」

100,000,000,000,000
一兆　十億　百万　千

カンマは3ケタごとに区切られている

カンマの左隣の数の単位である「千」「百万」「十億」「一兆」を暗記し、それを基準に左右のケタを判別する

例

1,000 →	千ちょうど	→ 千
100,000,000 →	十億より1ケタ小さい	→ 一億
10,000,000,000 →	十億より1ケタ大きい	→ 百億
100,000,000,000,000 →	一兆より2ケタ大きい	→ 百兆

1つずつケタが小さくなっていくと覚えよう！

千
百万
十億
一兆

丸暗記すれば英語の変換もラクになる

3ケタごとにカンマを打つ「千進法」は欧米式の数の単位に合わせたものです。たとえば英語でカンマの左隣にくる数の単位は「thousand, million, billion, trillion」とキリのいい単位になっています。

ということは、上記の「千、百万、十億、一兆」を覚えてしまえば、日本語と英語の数字変換がスムーズにできるようになるということです。

日本と欧米で単位の区切り方が異なる

■ 漢字は「万(4ケタ)」単位で次の単位(億、兆、京など)に繰り上がる「万進法」

兆、千億、百億、十億、**億**、千万、百万、十万、**万**、千、百、十、**一**

■ 西洋数字は「thousand(3ケタ)」単位で次の単位に繰り上がる「千進法」

million、hundred thousand、ten thousand、**thousand**、hundred、ten、**one**

決算書もスラスラ読める！

　また企業の決算書などでは、数字はたいてい「単位：百万円」などと書かれています。これも「千、百万、十億、一兆」を覚えていれば、最初にあるカンマの左隣の数字は「十億円」で、次が「一兆円」だとすぐにわかります。

　「単位：千円」の場合も同様で、最初にあるカンマの左隣の数字が「百万円」になると覚えておけばいいのです。

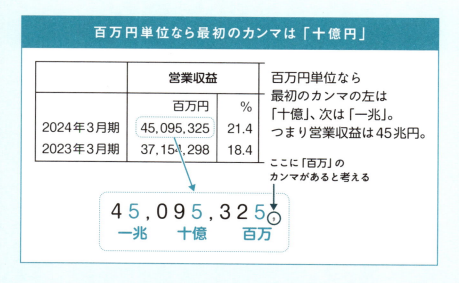

百万円単位なら最初のカンマは「十億円」

	営業収益	
	百万円	％
2024年3月期	45,095,325	21.4
2023年3月期	37,154,298	18.4

百万円単位なら
最初のカンマの左は
「十億」、次は「一兆」。
つまり営業収益は45兆円。

ここに「百万」の
カンマがあると考える

４５,０９５,３２５,
一兆　　十億　　百万

2 | 大きい数のかけ算①
── ゼロの数を足す方法

100万円の端末を1000店舗すべてに導入するとなると、けっこうな金額だな

10億かかりますね

理系の人にはおなじみの方法

　大きな数が読めるようになったら、いよいよ大きな数の計算に入っていきます。使用頻度の高いかけ算の方法は、この本では3つお伝えしますが、最初は初心者向けの「ゼロの数を数えて足す方法」から。難点は少し時間がかかることですが、各ケタのゼロの数を暗記するだけですぐに習得できます。

　さて、十ならゼロの数が1つ、百なら2つ、千なら3つであることはパッと思い浮かぶでしょう。ということは「万、億、兆」がポイントですが、4ケタごとに繰り上がる万進法であるため、「万4」「億8」「兆12」と、1の後に続く0の個数が4の倍数になっていると覚えましょう。

　この3つを覚えたら、たとえば一千万のゼロの数は「千のゼロの数＋万のゼロの数」なので、「3＋4＝7」だとわかります（あるいは、億より1ケタ小さいので「8－1＝7」と考えてもOK）。

　冒頭の会話の「100万×1000」では、まず100万にゼロがいくつあるかを考えます。「万4」にプラス2つなので6つ。そして1000は3つです。

　ゼロ6つとゼロ3つを足すと9つ。ゼロが9つのケタは何かというと「億8」を基準にするとそれより1つ多いので「10億」だとわかります。

ゼロだらけの大きな数をラクに扱うワザ

ゼロの数を足すこの手法は、理系の人にとっては慣れ親しんだ方法です。というのも、大きな数字を扱う物理や数学の世界では、ケタに関しては「10の何乗」という形で表記する慣習があります。

　たとえば3億という数は「3×10^8」と表すことができます。「億8」が出てきましたね。もし物理学者が「3億×3億」という計算をするときは、本書でお伝えしている手法と同様に頭の数だけ計算して、ケタは足して終わりです（9×10^{16}）。

ゼロの数は「万4」「億8」「兆12」で覚える

算用数字	漢数字	ゼロの数
1	一	0
10	十	1
100	百	2
1,000	千	3
1 0,000	万	4
100,000	十万	5 (4+1)
1,000,000	百万	6 (4+2) ←2つ目の カンマの左横
10,000,000	千万	7 (4+3)
1 00,000,000	億	8
1,0 00,000,000	十億	9 (8+1) ←3つ目の カンマの左横
10,0 00,000,000	百億	10 (8+2)
100,0 00,000,000	千億	11 (8+3)
1,000,000,000,000	兆	12

「十1、百2、千3」がパッと出てこない人はこれも覚える。
百万、十億はカンマの左横の数字と考えるとそれぞれ6、9とわかる。

例　$100万 \times 1000$

万4

ゼロの数を足す！　$2 + 4 + 3 = 9$

↓ゼロが9つの数の単位って何？

「億8」より1つ多いから「10億！」

78　　Part 3

小数同士のかけ算でも使える

大きな数のゼロの数を覚えてしまえば、小数同士のかけ算で活用することもできます。たとえば「0.001×0.01」を暗算するときは、分数のかけ算に直してみるのがオススメです。「0.001＝1/1000」、「0.01＝1/100」であることがわかっていれば、その数同士のかけ算は分母同士のかけ算になります。分子は1なので、「0.001×0.01＝1／（1000×100）＝1/10万」となります。

また、小数点以下のケタ数を数えて足すのもいい方法です。「0.001」は3ケタ、「0.01」は2ケタなので足すと5ケタ。数字で書くと「0.00001」です。

ここまではパッと計算できるかもしれませんが、問題はこの「0.00001」がいったい何分の1なのか判別しづらいことです。

このとき、先ほど覚えたゼロの数の知識を使うことができます。ゼロが5つの数（100,000）の単位は「十万」ですが、小数点以下のケタ数が5つある数（0.00001）の単位は「十万分の一」になるという関係性があるのです。

ちなみに、割合の表記で1万分の1（0.0001）より小さい数に遭遇することはほぼありません。そのような場合は、千分の一を意味する「‰」（パーミル）や、百万分の一を意味する「ppm」（パーツ・パー・ミリオン）といった単位などが使われます。

小数の単位の判別方法

例 「0.001×0.01」を分数で表すと

$$\frac{1}{1000} \times \frac{1}{100} = \frac{1}{\underbrace{1000 \times 100}} = \frac{1}{10万}$$

分母同士のかけ算

別解 **0.001 × 0.01**

ケタが3つ ＋ 2つ ＝ 5つ ＝ <u>0.00001</u>

ケタが5つの
数の単位は？

「万4」より1つ
多いから「十万」

つまり<u>十万分の一</u>

算用数字	漢数字	小数点以下のケタ数 （ゼロの数）
1	一	0
0.1	十分の一	1
0.01	百分の一	2
0.001	千分の一	3
0.0001	万分の一	4
0.00001	十万分の一	5
0.000001	百万分の一	6
0.0000001	千万分の一	7
0.00000001	億分の一	8

小数点以下のケタを数える

80   Part 3

3 大きい数のかけ算② ── 漢数字計算法

約2万人の従業員全員に一時金3万円を支給するとしたら、総額でいくらかかる?

ざっと6億円ですね

マスターできれば最速で暗算できる!

　次に紹介する大きい数のかけ算は私が普段使っているもので、漢数字の単位同士でかけ算をしたときの結果を暗記します。少し力業に見えますが、マスターすれば大きいケタ同士のかけ算が最速で暗算できる超強力テクニックです。

　具体的には以下を覚えます。

十×十＝百、百×百＝万、千×千＝百万、万×万＝億、億×万＝兆
（十十百）　（百百万）　（千千百万）　（万万億）　（億万兆）

　たとえば「3万×2万」という式を見たとき、私の頭には瞬時に「万万億」というフレーズが思い浮かびます。単位は億で決まりなので、「3×2」で答えは6億だとすぐにわかります。「100万×100」のような式も「百×百×万」→「万×万」に式変形できるので、1億という答えはすぐに出ます。

　上記の組み合わせのうち「十十百」はさすがにわかる人が多いでしょうから、実質的に覚えるのは「百百万」「千千百万」「万万億」「億万兆」の4つ。さ

ゼロだらけの大きな数をラクに扱うワザ　　81

漢数字の単位同士のかけ算はフレーズで覚える

かけ算と結果	覚えるときの いい方	覚えるコツ、 思い出すためのヒント
百×百＝万	百百万 ひゃくひゃくまん	・100円玉100枚で1万円
千×千＝百万	千千百万 せんせんひゃくまん	・千の次のカンマは百万 (P75)
万×万＝億	万万億 まんまんおく	・万進法で万の次は億 (P76) ・ゼロの数4＋4＝8 (億8) (P77)
億×万＝兆	億万兆 おくまんちょう	・おくまんちょうじゃ ・万進法で億の次は兆 (P76) ・ゼロの数8＋4＝12 (兆12) (P77)

例　3万×2万
　　＝3×2　×　万×万
　　＝6億

例　100万×100
　　＝百×百　×　万
　　＝万×万
　　＝1億

漢数字計算法では
「万億兆」と、そこから
「ハミ出た数 (100万の「100」や
4億の「4」など)」を分けると
計算が速くなる

例　4億×30万
　　＝4×30　×　億×万
　　＝120兆

このフレーズが完全に
記憶に定着したら、
「千×百＝十万」
も覚えると便利です

らに「百百万」は「100円玉100枚で1万円」というイメージですぐ思い出せますし、「億万兆」は「おくまんちょうじゃ」の語呂合わせで覚えられるので、暗記すべきなのは「千千百万」と「万万億」の2つだけです。

ゼロを移動させて「万」「億」「兆」に持っていく

　漢数字計算法が本当に便利なのは、乗数のゼロをもう片方の乗数に移動させて「万、億、兆」といった区切りのいい数をつくると、あっさり答えが出ることが多いからです。

　たとえば、「10万×1000」の10万からゼロを1つ1000に移動させれば「1万×1万」になるので、「万万億」で答えは1億です。

　もっとシンプルな例としては、「1000×1000」の計算で「千千百万」を覚えていなかったとしても、片方の1000からゼロを1つ移動させれば、「1万×100＝100万」とすぐにわかりますね。

　漢数字計算法では、「万、億、兆」という区切りのいい単位からハミ出た数（十、百、千）をどうキレイに処理するかを考えると、攻略のヒントが見つかることが多いです。

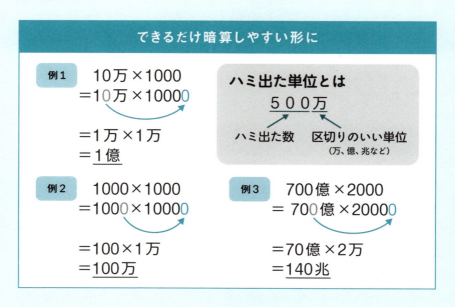

4 大きい数の割り算①
── ゼロの数を引く方法

100人くらいで、
一等3億円の宝くじに挑戦しない?

もし当たったら
1人300万円だね

かけ算は足す、割り算は引く

大きな数のかけ算ではゼロの数を足しましたが、**割り算ではケタの計算に限り、ゼロの数を引くことで答えを導くことができます。**

たとえば1億はゼロが8つ（億8）。それをゼロが2つの100で割ると「8－2＝6」。

ゼロの数が6つの単位は何かというと、「万4」プラス2ケタで100万。つまり答えは300万です。

割り算でゼロの数を引く理由

$$1000 \div 10 = \frac{1000}{10} = 100$$

ゼロ3つ　ゼロ1つ　　　　　　3－1＝2

約分すると、「分子のゼロの数」から
「分母のゼロの数」を引くことになるから

大きな数の割り算ではゼロの数を引く

算用数字	漢数字	ゼロの数
1	一	0
10	十	1
100	百	2
1,000	千	3
10,000	万	4
100,000	十万	5 (4+1)
1,000,000	百万	6 (4+2)
10,000,000	千万	7 (4+3)
100,000,000	億	8
1,000,000,000	十億	9 (8+1)
10,000,000,000	百億	10 (8+2)
100,000,000,000	千億	11 (8+3)
1,000,000,000,000	兆	12

「万4、億8、兆12」だけ覚える！
（「十1、百2、千3」がパッと出てこない人はこれも覚える）

例 $3億 \div 100$

ゼロの数を引く！ $8 - 2 = 6$

↓ ゼロが6つの数の単位って何？

「万4」より2つ多いから単位は「100万」。
残りの頭の数同士を計算して「3÷1＝3」
よって、答えは300万

別解 計算式で考えると

$$3億 \div 100 = \frac{\overbrace{300000000}^{8つ}}{\underbrace{100}_{2つ}} = \frac{3}{1} \times \frac{100000000}{100} \quad \text{頭の数とケタを分解}$$

$$= 3 \times \underbrace{1000000}_{6つ} = 300万$$

ゼロだらけの大きな数をラクに扱うワザ　85

5 大きい数の割り算② —— 漢数字計算法

あの会社、従業員9300人で年商2057億円だって。1人当たりの売上は？

えっと……
2000万円くらいですね

「万万億」「億万兆」を式変形する

　P81で解説した「漢数字計算法」は割り算でも使えます。たとえば**「万万億（万×万＝億）」は「億÷万＝万」に式変形ができる**ので、これを利用して計算します。

　上の例題は、まず数を丸めて「2000億÷1万」と考えます※。ここで「億÷万＝万」がパッと想起できれば、わずか2、3秒で「約2000万」という答えにたどり着くことができるわけです。

　割り算で漢数字計算法を使うときのポイントは2つあります。

　1つ目は、いままで説明してきた「頭の数とケタを分ける」という原則にとらわれず、「万、億、兆」単位の割り算と、そこからハミ出る数の割り算を分けて行うということです。理由はもちろん、漢数字計算法のメリットを生かすためです。

　2つ目のポイントは、割る数にハミ出る数がある場合、割られる数のハミ出る数の方が大きいときのみ、この方法が使えるということです。少しややこしいですが、これについては次ページで詳しく説明します。これに該当しない場合は前項、あるいは次項の方法を試してみてください。

※9300は上から2ケタ目を四捨五入すると9000になりますが、倍数に丸めるテクニック（P33）を使って、2000億から割りやすい数にしています。「2÷9」より「2÷1」の方が簡単ですから。

「漢数字計算法」を応用する

億×万＝兆　⇔　**兆÷億＝万**

億×万＝兆　⇔　**兆÷万＝億**

万×万＝億　⇔　**億÷万＝万**

P81の「万万億」「億万兆」を
式変形しただけ。
新たに覚える必要はなし！

「万、億、兆」単位の割り算と、ハミ出た数の割り算は分けて行う
（万万億、億万兆を活用するため）

例1
2000億 ÷ 1万
＝（2000 ÷ 1）×（億÷万）
＝2000万

「万万億」を変形して
「億÷万＝万」

例2
600兆 ÷ 20億
＝（600 ÷ 20）×（兆÷億）
＝（6÷2）×（100 ÷ 10）×（兆÷億）
＝30万

ハミ出た数の割り算を高速で行うために、
以下も頭に入れておく

千÷百＝十　1000÷100＝10
千÷十＝百　1000÷10＝100
百÷十＝十　100÷10＝10

※注意！　この計算方法が有効なのは以下の場合のみ。

「割られる数（分子）」のハミ出た数 ≧「割る数（分母）」のハミ出た数

（該当しない場合はP86、P88、あるいはP90の方法を使う）

ゼロだらけの大きな数をラクに扱うワザ　87

「万」「億」「兆」にそろえる応用技

割り算（分数）には「割られる数（分子）と割る数（分母）に同じ数をかけたり割ったりしても値は変わらない」という特性があります。

この特性を生かして、割られる数や割る数が「万、億、兆」の単位ではない場合や、前ページで解説したように割る数のハミ出る数の方が大きい場合は、10や100をかけて（つまりゼロを増やして）「万、億、兆」の単位に変形させると、あっさり解ける場面が多くあります。漢数字計算法と組み合わせると、かなり強力なテクニックです。

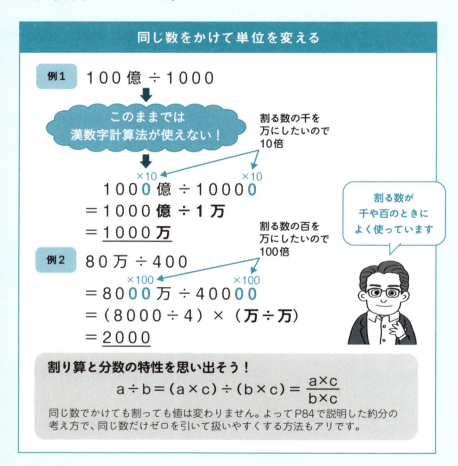

6 大きい数の割り算③ ── かけ算で解く方法

1000円の商品で1億円の売上をつくるには、何個売ればいい?

10万個ですね

「A÷B=○」を「B×○=A」に置き換える

　この項目の見出しを読んで、「割り算をかけ算で解くってどういうこと?」と思われた方がいるかもしれません。

　しかし本来、**割り算とは「割られる数のなかに割る数がいくつ入るか?」というのが基本的な考え方です。つまり、割り算とはかけ算を使って解くものなのです。**

　たとえば「8÷2」を計算するときも、本来であれば頭のなかで「2×○=8」という式を立てて、○に該当する数を考えるはずです。

　この考え方は、大きな数を扱うときにも有効です。

　たとえば「1億÷1000」という式があるとしたら、式を「1000×○=1億」に置き換えて、「○に該当しそうな数」を当てはめながら答えに近づいていくという方法があります。

　「万かな」と思ったら、とりあえずかけ算をします。すると1000万になりますが、ケタをもう1つ足せば1億になることに気づくので、○は「十万」だとわかります。前項の方法で解けない式のとき、このやり方を使ってみてください。

ゼロだらけの大きな数をラクに扱うワザ

かけ算を使って答えに近づいていく

1億÷1000＝○

 「A÷B＝○」を「B×○＝A」に変える

1000×○＝1億
「1000に何をかけたら1億になるだろう？」

 それっぽい数を考える

「1万くらいかな？」

 実際にかけてみる

1000×1万＝1000万

> 必要に応じて大きな数の
> かけ算のテクニック
> (P77) を使う。
> ※今回は不要

 誤差を見て調整する

「惜しい！　1ケタ足りないから答えは<u>10万</u>だ」

そもそも割り算はかけ算で解いている！

8÷2＝○
↓
2×○＝8

にさんがろく？　違う！
にしがはち？　これだ！

数字が苦手な人の急所！
「割合」と「比」を
完全理解する

Part

割り算が絡むと、とたんに頭が混乱して計算ができなくなってしまうという人は少なくありません。実際、四則演算のなかでは割り算が一番厄介で、さらに割り算と密接に絡む「割合」になると話の抽象度が一気に上がるので、「学校でも、ここがあやふやなままだった……」という人もいるのではないでしょうか。

少し複雑な課題や分析になるとたいてい割り算が絡んできます。せっかくざっくり計算の基礎テクニックを学んでも、割り算に苦手意識があるままではその知識が生かせません。

そのような苦手意識は、このPartで一気に解消してしまいましょう！

1 「割り算・分数・割合・比」
――それぞれの意味を正確につかむ

『売上高利益率』って、どうやって出すんですか？

売上高に対する利益の割合だから、利益を売上高で割ればいいよ

分数は割り算の式を記号で表したもの

　まずは基礎知識として、割り算、分数、割合、比などがどんなもので、どんな関係性にあるのか、ここでおさらいしておきましょう。

　まず、割り算には必ず「割られる数（被除数）」と「割る数（除数）」があり、「割られる数のなかに、割る数がいくつ入るか」を計算するものです。交換の法則が成り立つ足し算やかけ算とは違って、順番を入れ替えて計算することはできません。

　割り算は「パートナーナンバーのかけ算」にも変換できます（「1÷3≒33％」P71）。分数は割り算をよりコンパクトな記号で表したもので、分子が「割られる数」で分母が「割る数」です。

　分数は小数として表すこともできます（1/3＝0.333……）。

　まずはこの関係をしっかり理解し、**「割り算の式は分数にも、そのパートナーナンバーのかけ算にも置き換えられる」**と頭に入れておいてください。

割り算の本質とは

「10÷2」
＝10のなかに2がいくつ入るか？

5個入るから答えは5

「10÷2」は「10を2つに分ける」
という解釈だけではありません。
「いくつ入るか」と考えることも必要です

割り算と分数などの関係

割られる数＝分子　　**割る数＝分母**

$$1 \div 3 = \frac{1}{3} = 0.3333\cdots$$

割り算の式　　割り算は分数でも表せる　　分数は小数でも表せる
＝
四捨五入すると割る数の
パートナーナンバーになる（3 ⇔ 33%）

数字が苦手な人の急所！「割合」と「比」を完全理解する

割合のより実用的な定義

次に割合です。割合の教科書的な定義は「元にする量を1としたときの比べる量の値」といった感じですが、ほとんどの人は「1とする」の意味で混乱します。代わりに、こんな定義ではどうでしょうか。

「割合とは『何倍か』を表したものである」

一気にシンプルになりました。ただし「何倍か」を計算するには「基準となる数（1倍に当たる数）」と「比較する数（何倍だと表現したい数）」が必要です。たとえば「A社の利益はB社の2倍」も割合を示していますが、「基準となる数」はB社の利益で、「比較する数」はA社の利益です。

では2倍という割合はどう計算したかというと、A社の利益をB社の利益で割っています。「どっちで割るんだっけ？」と迷う人が多いですが、あらためて説明すると、**割合は「基準となる数に対して比較する数が何倍か」です。**

ここで割り算の定義を思い出してもらうと、「比較する数（A社の利益）のなかに基準となる数（B社の利益）が何個入るか」と考えるのと同じです。**基準となるのは必ず「割る数（分母）」。**ここが重要です。

もしA社の利益が30億円でB社が15億円なら、「30億÷15億」で答えは2となります。割合は単に2と表してもいいし、倍率だと「2倍」、百分率だと「200％」、歩合だと「20割」。いずれも何倍であるかを表しています。

割合が1より小さくても理屈は同じです。基準をA社に変えれば「15億÷30億」で割合は0.5、倍率は「0.5倍」、百分率は「50％」、歩合は「5割」になります。

割合とは「何倍か」を表したもの

「A社の利益はB社の2倍だ」

「基準となる数（1倍になる数）に対して比較する数が何倍か」を表したものが割合

＝

割合（何倍か）は**「比較する数のなかに基準となる数が何個入るか？」で求められる**
（つまり割り算や分数で計算する）

割合にはいろいろな表現方法がある

倍	百分率	分数	歩合
2倍	200%	―	20割
0.5倍	50%	½	5割
0.01倍	1%	1/100	1分

「割合」と「比」はどう違うのか

次は比の説明ですね。まず、割合と比はイコールではありません。比とは2つ以上の数における大きさの関係を表す、少し変わり種の概念です。

例として、「しょうゆとみりんの比が『2:3』」という表現の場合、2や3は相対的な大きさを表しています。**つまり比とは割合を計算するための材料のようなもので、どんな数も「基準となる数」になりえます。**「2:3:5」のように、数をいくらでも増やせるのも特徴です。

もし比から割合を計算するときは、比を使う人が「基準となる数」と「比較する数」を決めて計算しなければなりません。

たとえば、しょうゆとみりんの比が「2:3」で、しょうゆ10mLを入れる場合のみりんの量が知りたいとします。

いろいろな解き方がありますが、先ほど学んだ割合の考え方で解いてみましょう。まず考えるのは、どちらが「基準となる数」になるのかということ。今回はしょうゆに対してみりんが何倍かがわかれば計算できるので、「基準となる数」はしょうゆ、「比較する数」はみりんです。

次に、割合を計算するために比を見ます。しょうゆが2のときみりんが3なので、それを割合の式（比較する数÷基準となる数）に当てはめると「3÷2」。必要なみりんの量はしょうゆの3/2倍だとわかりました。

求められた割合をしょうゆ10mLにかけると、みりんは15mL入れればいいということになります（10mL×3/2＝15mL）。

ちなみにいまは割り算をしましたが、「2:3」という比の2を1に変換できれば「しょうゆに対するみりんの割合」がわかります。「:」の左右に同じ数を割ってもかけても比は変わりません。左右を2で割ると、「1:3/2」（1:1.5）になりますね。教科書的な割合の定義で使われる「元の数を1とみなす」というのは、このような意味だとわかるでしょう。

なお、比が「前年比」といった文脈で使われるときは、単純に割合そのもの（前年に対して今年は何倍か）を意味します。「比率」という言葉も割合とほぼ同義語です。このあたりが混乱を招きやすい原因なのかもしれません。

比とは「割合を計算するための材料」

しょうゆ：みりん＝**2：3**

（「2」も「3」も割合ではない！）

ポイント1

「しょうゆが2なら、みりんは3になる」の意味。
相対的な大きさを表す

ポイント2

比ではどの数も「基準となる数」「比較する数」になりうる
（使う人が決める）

例 しょうゆ10mLのとき、みりんは何mL？

① どちらが「基準となる数」か考える

しょうゆに対して何倍かわかればいいので「基準となる数」はしょうゆだ！

② 比を割合の式に代入し、割合を計算する

$$\frac{比較する数}{基準となる数} = \frac{3}{2} = 3/2 倍$$

③ 求められた割合を基準となる数にかける

10mL×3/2＝<u>15mL</u>

注意 「比」という言葉が使われていても、「比＝割合」という意味で使われることもある。

例：「前年比110％」は、前年を1（＝100％）としたときの今年の割合のこと。

「○○率」の式を間違えない方法

　一連の説明で理解していただきたいのは、割合や比を扱うときは「基準となる数はどれか」が重要になるということです。基準となる数が「割る数」であり「分母」なので、そこを間違えるとまったく違う答えになってしまいます。次項からビジネスシーンでよく使う割合を取り上げますが、まず「何に対して？」「どれが基準？」を明確にすれば必ず理解できます。

　あわせて覚えておきたいのは、冒頭の会話にある「売上高利益率」などの表現についてです。**「○○率」とあったらその「○○」は比較する数であり、それが分子にくる**と思ってください。単に「利益率」と呼ばれることもあり、それだと基準となる数がわかりませんが、それもやはり「何に対しての利益の割合なのか」と考えれば売上高だとわかるので、売上高を分母に持ってくれば（売上高で割れば）いいわけです。

　野球の「打率」も同じ。打数に対するヒットの割合という意味なので、分子はヒット数です。基準なる数は打数なので、「ヒット数÷打数」で打率が求められることがわかります。

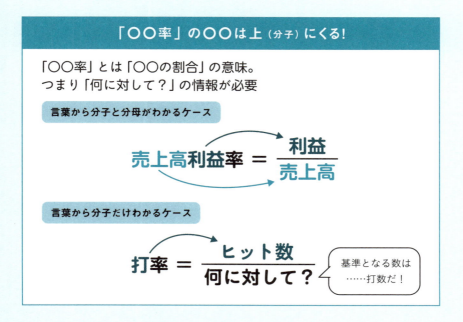

「何に対して？」の例①
── ROI（投資収益率）

テレビCMに2900万円かかったけど、収益が6200万円出ました！

ROI約200％か。効果あったね

費用に対する効果（粗利）は何倍か

　投資効果の指標としてビジネスでよく使われるROI。「投資収益率」などといいますが、投資対効果という表現も使われます。

　前項の説明の通り、**「収益率」とあるので利益が分子に、基準となる数の投資額が分母にきます。**もしROIが100％だったら実質的な収支はトントン。もし100％未満なら損失が出たことを意味します。

　2900万円の投資で6200万円の利益が出た場合、ざっくり計算すれば6000÷3000なので割合は2。「率」という言葉を使うときは割合をパーセントで表すのが一般的なので、「ROIは約200％」ということになります。

「ROI（投資収益率）」はこう計算する

投資額に対して利益は何倍？

比較する数
$$\frac{利益}{投資額}$$
基準となる数
（何に対して）

例　2900万の投資で6200万の利益が出たときのROIは？

$$\frac{約6000万}{約3000万} = 2 = 約200\%$$

例　12億円の投資でROI250%だった場合の利益は？

基準となる数　割合　　比較する数
12億円 × 250% = 30億円

ビジネスで「今回の投資、効果あった？」と
分析するときは、原因（投資額）を分母、
その結果（利益）を分子として考えることが多いです。
売上高利益率も、利益を生み出す原因は売上高なので、
分母にくるのは売上高ということになります

3 「何に対して?」の例② ── 為替

1ドル150円で30万円を換えると、何ドルになる?

150で割ればいいので、2000ドルですね

ドルと日本円の交換比率

　為替も割合です。ドル円の為替レートは、「1ドルに対して円が何倍か」を表しています。通貨の話なので「いくら」と表現してもいいのですが、割合の考え方をマスターしてもらうために、あえて「何倍」という表現にしています。基準となる数はドルなので、1ドル150円でドルを円に交換するときは単純に150をかけるだけ。計算は簡単です。

　少しだけ迷うのが例文のように円をドルに換えるとき。

　このときもやはり、「何に対して?」と考えれば答えは出せます。「基準はドルだから、そのドルを150倍すれば円になる」とわかれば、逆に円をドルにするには150で割ればいいわけです。

　言葉だけでは混乱する人は、次ページで示したような「150倍している矢印」を思い浮かべて、「逆方向に行くには150で割る」とビジュアルで考えた方が理解しやすいかもしれません。

　ちなみに、ドル円の為替レートでは米ドルを基準にしています。日本円を基準にすると「1円＝0.0067ドル」といったレートになり、非常にわかりづらくなってしまいますね。

為替は常に米ドルが基準になる

ドルに対して日本円は何倍？

ドル円為替レートは「USD/JPY」と表記しますが、これは分数を意味するのではなく「米ドルに対しての円」という意味です

例　1ドル150円で、30万円をドルに両替すると

為替を見たらまずこれをイメージ！

1ドル＝150円

つまり

ドル　×150　→　日本円

反対方向なら割ればいい！

ドル　←　日本円　÷150

30万÷150＝
30万÷10÷3÷5＝
3万÷3÷5＝<u>2000ドル</u>

段階割り算（P60）を使うとラク

4 「何に対して?」の例③ ── 単価から計算

1kg 2800円の牛肉を700g買いたいんですけど、いくらかかりますか?

1960円だね

考え方は為替と同じ

　お肉や生地を買うときのように、長さや重さ当たりの単価を元に計算しなければいけない場面はけっこうあります。式を立てるのが少し難しそうに感じるかもしれませんが、これも結局は割合なので、考え方は先ほどの為替の例と同じです。1ドルが1kgや1mに変わっただけだと思ってください。

　ここでも、**まず基準となる数は何かを考えます。**今回は肉1kgに対して価格が2800円なので、「肉1に対して価格2800」ということです。

　基準となる数（重さ）が決まっているなら計算はシンプルで、0.7kg（単位をそろえたいので700gをkgに変換）の2800倍を計算するだけです。

　ケタの計算は面倒なので、まずざっくりと「2800円より少し安くなる」とだけ考えておいて、頭の数「28×7」をプラス棒（P54）で計算すれば、1960円という答えを導き出せます（もしくは、ざっくり「30×7」で計算してもかまいません）。

　「1500円でどれくらい買えるか?」と予算優先で決めるなら、為替のときにやったように1500円を2800円で割りましょう。パッと見て約半分ということに気づけば、「0.5kg（500g）くらい」だとわかります※。

　　※2800円を上から2ケタ目で四捨五入すれば3000円になり、その半分は1500円です。15の2倍は30であることを知っていれば、30と28は近いことに気づくかもしれません。1500円と2800円は一見すると関係のない額のようですが、数に慣れていくとその関係性が見えるようになってきます。

基準単位当たりの値段があるときの計算方法

重さに対して**値段**は何倍？

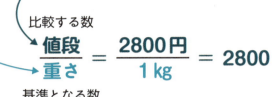

比較する数 → 値段
基準となる数（何に対して）→ 重さ

$$\frac{値段}{重さ} = \frac{2800円}{1\,\mathrm{kg}} = 2800$$

例 1kg2800円の牛肉を700g買うといくら？

このイメージを使う

重さ —×2800→ 値段

単位（kg）をそろえる

$0.7 \times 2800 = \underline{1960円}$

先に「2800円より安い」と考えれば、ケタの計算は不要

例 1kg2800円の牛肉、1500円でどれだけ買える？

逆方向なのでこちらのイメージを使う

重さ ←÷2800— 値段

$1500 \div 2800 ≒$
$15 \div 30 = \underline{約0.5\,\mathrm{kg}}$

5 「何に対して？」の例④ ── 売上増加率

今月の売上は前月比で150％アップしました

えっ、2.5倍ってこと？
いやいや、
50％アップでしょ

前年比100％＝前年と同じ

　増加率を表現するとき、基準となる数に対する割合（何倍か）をそのまま使ってしまう人がいます。
　増加率とは「基準となる数に対して『増えた量』の割合」という意味ですから、分子は「基準となる数と比べる数の差」にしなければなりません。
　たとえば前月の売上が3億円で今月の売上が4.5億円なら、増えた量は「4.5億－3億」で1.5億。増加率は「1.5億÷3億」で求めることができ、50％になります。
　また「増加率50％」と「50％アップ」は同じ意味です。

意外に間違えやすい「増加率」

基準となる数に対して増えた量は何倍？

比較する数
$$\frac{増加量}{基準となる数}$$

「増えた量」なので「差」だけに注目！

売上増加率の計算式

$$\frac{今期の売上 - 前期の売上}{前期の売上} = \frac{4.5億円 - 3億円}{3億円} = 0.5$$

「増加率50％」「50％アップ」
＝
「前年比150％」

売上高前年比の計算式

$$\frac{今期の売上}{前期の売上} = \frac{4.5億円}{3億円} = 1.5$$

冒頭の会話は、やってしまうと
ちょっと恥ずかしい間違いの例です。
「ぜんぜん数字がわかってない」と思われて
しまうこともあるので、どうかご注意を！

率の変化量や差は「ポイント」で表現する

「増加率〇%」と「〇%アップ」は同じだと説明しましたが、**「増加率50%アップ」というように重複して使うのは避けましょう。** 基準となる数が曖昧になってしまい、「増加率が50%上がった」という意味だと勘違いされるおそれがあるからです。増加率が40%から60%にアップした場合、40%の50%分が増えている、つまり増加率が50%上がったといえます。

また、政党支持率の調査結果などで「5ポイントアップ」といった表現を聞いたことがあると思いますが、「ポイント」とは率の変化量（%と%の差）を表すときに使う特殊な単位です。正式には「パーセントポイント」といいます。たとえば、内閣支持率が50%から55%になったとき、「5ポイントアップ」という言い方をします。

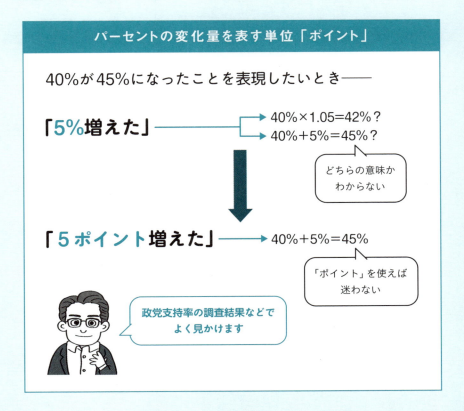

数字が苦手な人の急所！「割合」と「比」を完全理解する

6 「何に対して?」の例⑤ —— 利益率と原価率

この商品の利益率の目標は40%。
原価が300円だから、
売値は420円にすればいいってこと?

利益率は売値に
おける割合だよ。
原価300円で利益率を
40%にするなら、
売値は500円だね

基準となる数は「売値」

「利益率(粗利率)の目標40%」といわれたから、300円の原価に単純に1.4をかけた——。数字に弱い人が犯しがちな間違いです。

利益率が基準とする数は原価ではなく売値です。つまり、売値を1(100%)とした場合の利益の割合のこと。

そして利益率とセットで使うのが原価率で、こちらは売値を1(100%)とした場合の原価の割合を表しています。利益率と原価率は補数(P40)の関係にあるため、「利益率+原価率=100%」「利益+原価=売値」という関係も成り立ちます。

上の会話では原価が300円で利益率40%とあるので、補数を考えれば原価率は60%になることがわかります。「売値×60%=300円」ということになるので、300円を60%(0.6)で割ると500円と暗算できます。

利益率は売値が基準になるということを、しっかり覚えておきましょう。

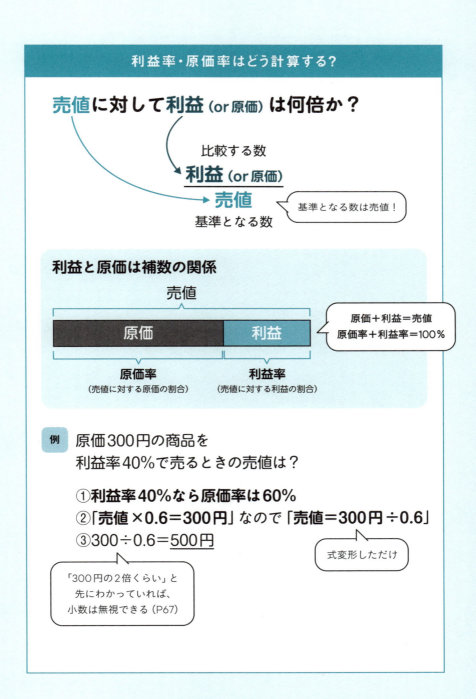

7 「比較する数を割合で割る」テクニック

この電車に300人が乗ってて乗車率200％だって。つまり定員は何人？

150人ですね

「基準となる数＝比較する数÷割合」

　前ページの例で、売値を求めるために行った式変形はかなり便利なので、実は他のいろいろな場面でも使うことができます。

　「割合とは、基準となる数に対して比較する数が何倍か」であると、繰り返し書いてきました。これを式で表せば「基準となる数×割合＝比較する数」になるわけですが、この式から「×割合」を右辺に移項すると**「基準となる数＝比較する数÷割合」になります。**

　たとえば、ある電車に乗客が300人乗っていて、乗車率が200％だというとき、もともとの定員は何人でしょうか？

　まずは、冷静に基準となる数を考えましょう。「何に対して200％（2倍）なのか？」というと、車両の定員人数ですね。つまり「定員×2＝300人」だといっているわけです。いま知りたいのは定員なので、「定員＝300人÷2」に変形すれば定員は150人であるとわかります。

　まだ慣れないうちは式変形を使って計算をすればいいですが、だんだん「比較する数÷割合＝基準となる数」という式がすぐに立てられるようになるはずです。

比較する数と割合から基準となる数を一発で求める!

$$基準となる数 × 割合 = 比較する数$$

両辺を「割合」で割る

$$基準となる数 = 比較する数 ÷ 割合$$

この式を覚えておくと便利!

例　利益600円で利益率30%。**売値**はいくら?
　　　　　　　　　　　　　（利益率の基準となる数）

売値＝600÷0.3＝<u>2000円</u>

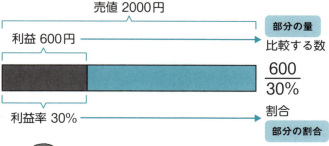

私は「部分の量÷部分の割合＝全体の量」という式で覚えています。
図を見ると、利益600円は「(全体から見て)部分の量」で、
利益率30%は「(全体から見て)部分の割合」になっていますね

例　ある会場は、来場者数2万人で収容率70%でした。
　　その会場の**収容人数**は何人?
　　　　　　　（収容率の基準となる数）

収容人数＝2万÷0.7＝2万×1.4＝<u>2.8万人</u>

意外に知られていない「反比例」の正しい意味

政府が高齢者向けの予算を増やし続けるから、反比例して若者向けの予算が減ってしまうんですよ

それ、反比例とはいわないよ

逆数に比例するのが反比例

社会人なら知っておかないと少し恥ずかしい、反比例の話をします。

まず、比例とは2つの数の割合が一定である関係のことです。たとえばガソリン1Lで30km走行できる車がある場合、その割合は30です。

いわゆる燃費（1L当たりの進む距離の割合）のことですが、比例の関係の場合は比例定数とも呼ばれます。比例定数は一定なので、もし5L入れたら「5×30」で150km走行できると計算できます。「$y = ax$」（y＝距離、x＝ガソリンの量、a＝燃費）の一次関数で表せるのが特徴です。

比例定数はマイナスの値でもかまいません。たとえば1分当たり20L排水するときのお湯の量を考えると比例定数は-20。ある値が増えると別の値が減る関係のことを「反比例」と呼ぶ人がいますが、こちらも立派な比例です。

反比例とは、たとえば面積が一定の長方形の縦と横の長さのような関係で、縦が伸びれば横は縮みます。この関係を式で表すと「$y = a \times 1/x$」（x＝縦、y＝横、a＝面積）。比例ではxだったものが反比例では1/xになりました。

つまり、逆数に比例する関係を反比例というのです。

反比例とは二つの数の積が一定の関係にあること

比例の関係

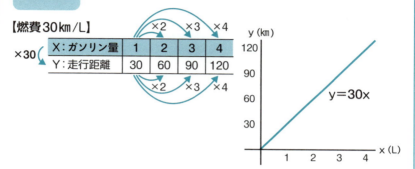

比例とは「2つの数の割合が一定の関係」

例：$y = 30x \Leftrightarrow \dfrac{y}{x} = 30$

反比例の関係

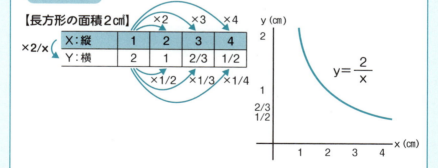

反比例とは「2つの数の積が一定の関係」

例：$y = \dfrac{2}{x} \Leftrightarrow xy = 2$

9 混乱しがちな「1未満の数のかけ算・割り算」

0.5㎡の生地で、このTシャツが1枚つくれます。300㎡の生地から何枚つくれますか？

『300÷0.5』だから、600枚だね

「割られる数」のなかに「割る数」がいくつ入るか

　割合の計算では、1未満の小数のかけ算や割り算が頻繁に出てきます。

　たとえば「基準となる数の23％」を求めるなら「×0.23」の式になりますし、P110でやったように「比較する数を割合で割る」場面では、「÷0.23」のような式になるかもしれません。どれだけの精度で計算するかは状況次第ですが、重要なのは実際の計算をする前に、おおざっぱでいいのでどれくらいの数になるかをイメージしておくことです。

　まず**「1未満の小数でかける」と数は小さくなります。**1倍（×1）が同じ数という意味ですから、それより小さな倍率の数をかければ、元の数が小さくなることはわかると思います。

　イメージしづらいのが割り算です。**「1未満の小数で割る」と割られる数は大きくなります。**たとえば「300÷2」は150で「300÷1」は300ですが、「300÷0.5」はどうでしょう？　P92でやったように、割り算の本来の意味は「『割られる数』のなかに『割る数』がいくつ入るか」でしたね。「300のなかに0.5がいくつ入るか」というと、0.5が2個でようやく1になるわけですから合計600個。「÷1」のときより増えることになります。

1未満の数のかけ算・割り算はイメージが大切!

「×0.○○」をする前にイメージしたいこと

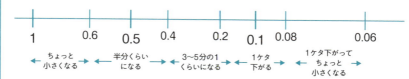

1未満の数をかけると小さくなる

例

2833×0.5 ＝ ざっくり3000の半分
80×0.91 　＝ 80よりちょっと小さくなるだろう
540×0.08 ＝ 1ケタ小さい54よりさらに小さそう

「÷0.○○」をする前にイメージしたいこと

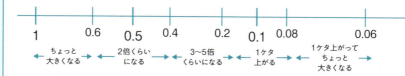

1未満の数で割ると大きくなる

例

2833÷0.5 ＝ ざっくり3000の2倍
80÷0.91 　＝ 80よりちょっと大きくなるだろう
540÷0.08 ＝ 1ケタ大きい5400よりさらにちょっと大きそう

> **コラム**

小難しそうな財務分析も
基本はただの割り算

　割合に関する問題にはだいぶ慣れていただけたと思います。

　ビジネスで使う財務分析の指標でも、見慣れない「率」がたくさん出てきますが、**基本的には「Aに対してBは何倍か」を表しているにすぎません。**

　割合の意味をつかめていれば、大半の「率」は理解できるようになります。

言葉を見れば式がわかる指標の例

- 売上高営業利益率（％）＝営業利益÷売上高
- 売上高経常利益率（％）＝経常利益÷売上高
- ROA（総資産利益率）（％）＝当期純利益÷総資産
- ROE（自己資本当期純利益率）（％）＝当期純利益÷自己資本
- 売上高成長率（％）＝（当期売上高－前期売上高）÷前期売上高

意味を考えれば式がわかる指標の例

- **労働分配率（％）＝人件費÷付加価値**
  （付加価値に対する人件費の割合。つまり、会社が得た付加価値を「労働」の費用にどのくらい分配しているか）
- **労働生産性（％）＝付加価値額÷従業員数**
  （従業員一人当たりの付加価値額）
- **自己資本比率（％）＝自己資本÷総資本**
  （総資産［会社が持っているすべての資産］に対する自己資本［株主からの出資分や内部留保など］の割合）
- **配当性向（％）＝配当額÷当期純利益**
  （当期純利益のうち、どれだけの額を配当の支払いに向けたかという割合のこと）

データにダマされず、データで優位に立つための知恵

Part

ビジネスの世界では、データに基づいて経営判断や意思決定を行う、データドリブン経営という考え方は当たり前になってきました。

とはいえ、人間が直感や度胸で判断を下すことが悪いとはいえません。なんでもかんでも確率やデータで考えていては、けっして大きな勝負はできないからです。ただ、判断に至るまでにできるだけ情報を集め、客観的に物事を見る必要があります。

そこで、ここでは読者のみなさんのデータリテラシーを少しでも高めていくために、統計学の超基本をいくつか解説します。基礎知識を知ることで、少なくとも「データに振り回されない」レベルにはなれるはずです。

1 データの頭の数だけ足してみる検算法

エクセルに入力はしたけど、打ち間違いがないか不安で……

それなら、頭の数だけ足して確かめてみるといいよ

けっこう使える「超ざっくり平均算出法」

　コンピューターが計算ミスをすることはありませんが、データを入力するのも計算の命令を書くのも人間のやることなので、その段階で間違えてしまうことはよくあります。

　特にエクセルでは膨大な数値を管理することも多いので、データ入力を1つ間違えたくらいでは、なかなか気づくことができません。

　そこで私が仕事で検算をするときによく使っているのが、入力前の元データを見ながら、**データの頭の数だけ足してみるという方法です。**

　万が一、その結果とエクセルで行った「SUM関数」（足し算）の結果が違っていたとしたら、データを入力するときに間違いがあったのではないかと疑うことができます。

　端数の打ち間違いは検出することができませんが、ケタを間違えたデータが混じっているなど、大きな間違いがあると気づくことができます。

　すごくシンプルで大した手間もかからないのに、非常に有効なテクニックです。会社の決算や大事な取引先へ提出する見積書など、重要な計算のときにはぜひ試してみてください。

ケタの間違いなど大きなミスに気づける

	紙で書かれた元データ		エクセル	
A	9,212	A	9,212	
B	6,505	B	3,505	← 入力ミス
C	0,837	C	837	
D	7,659	D	7,659	
E	12,490	E	12,490	
F	4,083	F	4,083	
G	8,244	G	824	← 入力ミス
		合計	38,610	

紙側の頭の数字合計 → 46

頭の数（場合によっては2ケタの数）**だけ足して、エクセルと比較する**

（小さいケタの入力ミスは検知しづらいので注意）

人がやることに、100%正確ということはありえません。だからこそ、間違いに気づくための仕組みづくりや、「間違っているかも」と常に疑う姿勢が重要です。

2 平均の計算をちょっとだけラクにする方法

この6つの商品の平均単価を計算したいんだけど、電卓どこだっけ?

そのくらいなら、暗算でできそうですよ!

「平らに均す」イメージを大切に

いまどきのデータ集計はエクセルなどの表計算ソフトで行えば一瞬でできますが、紙に印刷されたデータしかないときなど、手動でその平均値を求めなければいけない場面もあることでしょう。

平均値は全データの値を足して、データの数で割ればいいわけですが、計算機を使うにしても、膨大な数の足し算をしなければならなくなって、とても面倒なことになりがちです。

そんなときに、オススメのテクニックが1つあります。**平均に近そうなキリのいい数を基準値として選び、その基準値との差を1つずつ集計していく**という方法です。

そもそも、平均とは「平らに均す」という意味です。そのため、データの出っ張ったり凹んだりしたところに注目して均していくというのは、とても理にかなった方法です。

詳しい方法は次ページの図を見ていただきたいのですが、バラつきの少ないデータのときは計算がかなりラクになるので、非常に重宝します。

「基準値からの差」に注目して平均値を求める

A	B	C	D	E	F
212	198	205	189	220	170

一般的な平均値の求め方

$$\frac{212+198+205+189+220+170}{6} = 1194 \div 6 = 199$$

「基準値からの差」に注目した平均値の求め方

$$\frac{200\times 6}{6} + \frac{12-2+5-11+20-30}{6} = 200+(-6\div 6) = 199$$

- 平均に近そうなキリのいい数200を基準値に利用
- 200との差の平均を計算。値が小さいので扱いがラク
- 基準値と「差の平均」を足すことで最終調整

平均とは「平らに均す」イメージ

基準からの差だけに注目すると扱う情報量を減らせる

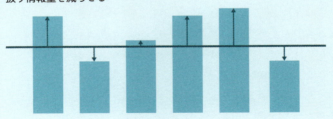

3 社会人なら知っておきたい「加重平均」とは

昨年、余剰金をドルや円で運用しましたが、平均利回りは6％でした

一応確認ですが、それは加重平均ですよね？

平均にもいろいろな種類がある

前項で紹介したのは小学校で習う平均値の求め方で、数学的には「単純平均」や「算術平均」などと呼ばれています。

そもそも、平均にはいろいろな種類があり、なかでも社会人であれば確実に知っておいてほしいのが「加重平均」です。これは、単純にすべてのデータの合計をデータの個数で割って算出する方法ではなく、**データごとの「重み」を加味して算出する**という平均値の出し方になります。

これによって、重要度が高い値を加味した平均値を出すことが可能になります。たとえば、円資産で2％の利回り、米ドル資産で10％の利回りを得ているとしても、円資産の割合が9割、米ドル資産が1割しかないポートフォリオだったとしたらどうでしょう。

そのほとんどが円資産なので、単純平均によって算出した「利回り6％」と表現するのは実態から乖離していますよね。

このようなケースで使うのが加重平均です。次ページで解説するように、各データに「重み」をかけてすべてを足し、その和を「重みの和」で割って計算していきます。

加重平均はどんなときに使うのか

STEP 1

各データに「重み」をつける。
「比」や「数量」を使うこともあれば、
下の人事評価の例のように
人為的につけてもよい

	利回り	重み (比)
日本株	2%	9
米国株	10%	1

STEP 2

各データの値に「重み」をかける

2×9＝18
10×1＝10

STEP 3

「重みをかけたデータの和」を、
「重みの和」で割る※

28 ÷ 10 ≒ 2.8%
重みをかけた　重みの和
データの和

→ 実態を表す平均値が求められた

加重平均を使う場面の例

売上平均単価

	価格	個数 (重み)
りんご	200円	10個
なし	300円	8個
ぶどう	500円	2個

200×10＝2000
300×8＝2400
500×2＝1000

5400÷20＝270円
（単純平均では333円）

人事評価

	評点	重み (比)
成果	55点	3
行動	85点	2
勤怠	100点	1

55×3 ＝165
85×2 ＝170
100×1＝100

435÷6≒72.5点
（単純平均では80点）

※全体の割合の合計を100%にした「重みの割合」をかけ算すれば、STEP②③が一緒に計算可能。
（例：日本株0.9、米国株0.1をそれぞれかけ算したものを足すと「2%×0.9＋10%×0.1＝2.8%」）

データにダマされず、データで優位に立つための知恵

エクセルで加重平均を計算する方法

品名	単価	数量
A	320	150
B	500	200
C	160	340
D	270	90
E	400	180

① SUMPRODUCT関数でかけ算の和を計算

② SUM関数で重みの和を計算

③ ①を②で割る

SUMPRODUCT関数は、複数の配列に対応する要素同士をかけ算して、その合計を求める関数です。この関数を使わなくても、要求ごとにかけ算して合計を求めても算出できます。

ざっくり計算で幾何平均はあまり使わない

「過去3年の成長率の平均」などを把握するときは、各データの積をルート3する「幾何平均」と呼ばれる計算法が使われます。

しかし、実は幾何平均の結果は単純平均とあまり差が出ないこともあります。ざっくり計算では気にせず単純平均をした方が速いことも多いです※。

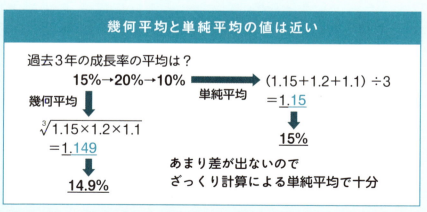

※実際の例で考えてみるとわかりやすいです。たとえば3年で10%の成長をした企業の場合、その幾何平均は3.2%（＝$\sqrt{1.1}$）ですが、単純平均は3.3%（10%／3）となり、ほぼ誤差はありません。数学を知っている人ほど驚くかもしれません。しかし注意点があります。成長率が異常に高い、もしくは長期間の場合は、誤差が大きくなってしまうのです。たとえば3年で100%の成長率の場合、幾何平均は26.0%（＝$\sqrt[3]{2}$）、単純平均は33.3%（＝100%／3）となり、大きなズレが生じてしまいます。

4 データのバラつきを示す「分散」と「標準偏差」の関係

営業成績のデータを何かに活用できないかな？

偏差値化すれば、人事評価の参考になりそうですね

2つの関係を正しく理解する

　あるデータの特徴をつかみたいとき、重要な切り口になるのは「データのバラつき具合」です。たとえば、平均するだけではバラつきまではわかりません。統計の世界でデータのバラつきを表すのは、「分散」と「標準偏差」です。この2つはバラバラの指標ではなく、分散のルートが標準偏差になるという関係になります。

　まず「分散」とはデータの散らばりの幅（大きさ）を表す指標で、「分散が大きい」とはデータ全体の散らばりが大きいことを意味します。分散の求め方は、まず全データの単純平均を出します。次に「各データの値と平均値との差」を2乗して、すべてを足します。最後に、その和を「データの数」で割ることで分散の値が求められます。

　なぜ2乗するかというと、平均値との差はマイナスもあればプラスもあるわけですが、バラつきで知りたいのは「平均値からどのくらい離れているか」なので、2乗してプラスの値に変換していると思ってください。そして2乗したもの（分散）を、扱いやすく元に戻した（ルートした）ものが「標準偏差」。したがって、バラつき具合を感覚的につかむうえで大切なのは「標準偏差」です。

分散と標準偏差の求め方

	A	B	C	D	E
売上 (百万円)	32	24	18	26	20

①平均値を求める (単純平均)

$$\frac{32+24+18+26+20}{5} = \underline{\textbf{24}}$$

②各データの値と平均値との差を2乗し、足す

	A	B	C	D	E
売上 (百万円)	32	24	18	26	20
平均値24との差	+8	0	−6	2	−4
上記の2乗	64	0	36	4	16

$$64+0+36+4+16$$
$$=\underline{120}$$

③ ②をデータの数で割ったものが分散

$$120÷5=\underline{\textbf{24}}$$

④ ③をルートしたものが標準偏差

$$\sqrt{24} ≒ \underline{\textbf{4.9}}$$

いずれもデータの
バラつきを示している

偏差値は誰でも計算できる

　受験などで使われる偏差値は、各データの平均値との差を標準偏差で割り、さらに10をかけて50を足したものです。最後の10をかけて50を足す処理は、私たちが見慣れた偏差値の形（2ケタの数字で平均が50）に調整するための作業で、あまり深い意味はありません（偏差値を考えた人がそういうルールにしただけ）。

　各データの相対的なポジション（「飛び抜けて優秀」「圧倒的底辺」「超平凡」など）を数値として確認したいだけなら、実は下図の3段目の値で十分です。

5 「平均」と「中央値」と「最頻値」のどれが大事?

日本の1世帯当たりの平均所得は約524万円か。けっこう高いんだね

でも、最頻値は 100万円台だけどね

平均値は実態より大きくなりがち

　データの特徴を表す値のことを「代表値」といいます。平均値は代表値としてもっともよく使われますが、データの特徴を正確に伝えられるとは限りません。データによっては、平均値の使用が適していないケースもよくあります。

　たとえば、人口が100人しかいない村の平均年収を計算するとします。もしその村にトヨタ自動車の代表取締役会長、豊田章男さんが住んでいたら平均年収はどうなるでしょう？　日本一平均年収の高い村になってしまいます。このように、**極端な外れ値が混じっていると平均値はそのデータに引っ張られるため、実態と乖離してしまいがちです。**

　代表値はこのほかにも、「中央値」（メジアン）や「最頻値」（モード）があります。中央値は、100人のサンプルならちょうど真ん中の人の年収です。100人のようにデータの数が偶数の場合は、真ん中にいる2人（50位と51位）の平均になります。最頻値は、分布のうちのもっともデータ数が多い区間における、真ん中の値のことです。右ページの図では「100万円以上〜200万円未満」の所得金額の分布が14.6％でもっとも多く、日本人の年収の最頻値は150万円ということになります（2023年）。

「平均値」「中央値」「最頻値」を理解する

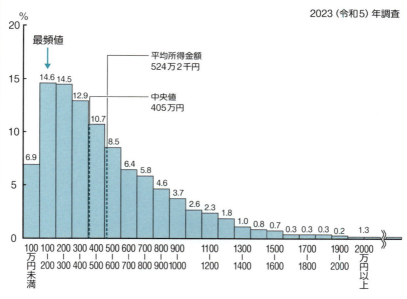

所得金額階級別世帯数の相対度数分布
2023(令和5)年調査

平均所得金額 524万2千円
中央値 405万円

2023(令和5)年 国民生活基礎調査の概況(厚生労働省)より

データの分布によって三つの値にズレが生じる

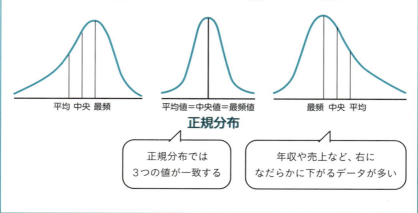

正規分布では3つの値が一致する

年収や売上など、右になだらかに下がるデータが多い

データにダマされず、データで優位に立つための知恵

データは恣意的に利用される

　代表値はあるデータの1つの側面にすぎないと考えると、データの特徴をできるだけ正確に誰かに伝えたいときは、そのデータを可視化したもの（グラフなど）も見せるのが理想。**データ重視の仕事をするときは、「データを切りとることのリスク」を十分認識しておくべきです。**

　たとえば、新規事業の検討のために市場分析をして報告書にまとめるとき、最終判断を下すのは経営陣であって資料をつくる担当者ではありません。だとしたら、代表値の計算などはしつつも、グラフやデータの入手先なども添えて提案しておいた方が賢明です。

　逆にいえば、日本人の年収の話のように、データの全体像が隠された状態で「平均は〇〇だ」といわれたときは、「そのグラフはどうなっているんだろう？」「その代表値は実態を表しているのか？」と疑う習慣をつけましょう。人を欺く目的で、代表値にそぐわない代表値を使うことはマーケティングの常套手段だからです。

　たとえば、前ページの「所得金額階級別世帯数の相対度数分布」であれば、一世帯当たりの平均が524万円となっていますが、全世帯が524万円くらいの収入があるわけではありません。「平均」というと真ん中くらいというイメージを持つ方が多いですが、**実際は平均より収入が少ない世帯は多い世帯より約1.6倍多いのです。**

　平均が大きく偏っていますが、みんなが持っている「平均は真ん中」というイメージが実態の理解を難しくさせているわけです。

　こうした認知のゆがみもマーケティングや印象操作に利用されます。

6 何人にアンケートをとれば その情報は正確？

この件で社内アンケートをとるんですが、社員2万人のうち何人に聞けば信頼できる調査になりますか？

無作為に選べば400人で十分だよ

アンケート調査の肝は「偏りのないサンプル抽出」

　選挙の際に行われる出口調査や、政府が行う世論調査。正確さが求められますが、多くの人は「自分は質問されたことがない」と思っているでしょう。

　そもそも統計の世界における「調査」とは、母集団全員へ聞き取りができないときに母集団から一定のサンプルを抽出して調査し、その調査結果によって母集団の傾向を推定するためのものです。

　サンプルサイズと推定の精度の関係ですが、実は母集団が1万人でも100万人でも、**400人弱のサンプルがあればほぼ信頼できる調査になるとわかっています**（信頼水準95％、許容誤差5％を設定）。従業員数2万人の大企業での意識調査を全従業員に聞く必要はなく、400人に聞けば十分です。

　ただし、そのサンプルに偏りがないことが前提となります。たとえば、母集団からサンプルをランダムに選ぶ無作為抽出であれば、サンプルが母集団全体の特徴をバランスよく反映している可能性が高くなる、つまり偏りが少なくなります（無作為抽出以外にも層化抽出法、多段抽出法など、母集団の特徴がよりよく反映されるよう工夫された方法もあります）。従業員名簿をエクセルで管理しているなら、RAND関数を使えば無作為抽出が可能です。

データにダマされず、データで優位に立つための知恵

統計とは推定の世界

母集団全員には確認できない
⇒何人に調査をすればいい？

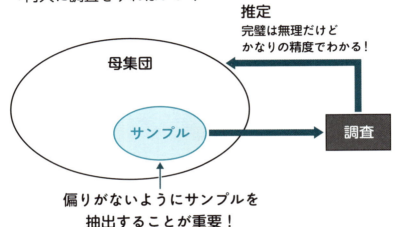

「信頼できる調査」(信頼水準95%、許容誤差5%)となるサンプル数

母集団	必要なサンプルサイズ
100万人	384人
10万人	383人
1万人	370人
1000人	278人
100人	80人

サイズを増やせば信頼度は上がるが、**400人弱**で頭打ちになる

7 — 混同しがちな「実数」と「割合」

最近、B商品についてのクレームが増えてないか？

それはB商品が売れているからで、クレーム率は下がってます！

指標は目的に沿ったものを選ぶ

　私が経営する会社のウェブサイトでは、マーケティング施策を打つことでアクセス数と契約者を増やすことに成功しました。しかしその結果、「1アクセスに対する契約者（購入者）の割合」であるコンバージョン率は下がっています。それまでは本当に関心のある人しかサイトを訪れていなかったので、これは予想通りの現象でした。コンバージョン率だけを見て、会社にとって最重要の指標である契約件数を見ていなければ、その施策が失敗だったと早合点してしまいかねません。

　上の会話のような場面もよくあります。ユーザーが増えればそれにつれてクレームの件数も増えるわけですから、もし顧客満足度を重視するなら、指標とすべきは1ユーザーに対するクレームの割合である「クレーム率」です。

　クレームの件数を下げることを目的にすると、上位目的であるはずのユーザー数を減らしてもいいという理屈になってしまいます。

　データはいずれも「客観的」ではあるものの、**1つの数値がすべての真実を表しているわけではありません。**組織の目的に沿った指標を選んで使うようにしましょう。

データにダマされず、データで優位に立つための知恵　　133

組織のゴールに合った正しい指標を使う

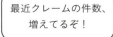

最近クレームの件数、増えてるぞ！

たくさん売れたらクレームが増えるのは当たり前！

カスタマーサービス担当

商品開発担当

経営者

会社にとってもっとも重要なのは、商品がたくさん売れること

	23 Q1	Q2	Q3	Q4	24 Q1	Q2	Q3
販売数	1200	1340	1300	1450	1860	2310	2670
クレーム数	14	13	14	13	16	16	17
クレーム率	1.2%	1.0%	1.1%	0.9%	0.9%	0.7%	0.6%

販売数増加にともないクレーム数は増えているがクレーム率は減っていることが確認できる

「経営上で重要な指標は販売数の増加」という社内的な共通認識が必要

8 確率から考える「くじ引き」と「ガチャ」の大きな違い

確率1%のガチャ、100回引いたら必ず1回は当たるはずですよね？

いやいや、実際は63％くらいだよ

63％という不思議な数字

このPartの最後に、確率の話もしておきましょう。

100枚に1枚当たりが入っているリアルなくじの場合、引くたびにはずれくじが減っていくので、100回引けば100％の確率で当たりが出ます。しかし、**ソシャゲのガチャやパチンコのように、当たる確率が設定してあるだけのものの場合、当たりが出る確率は見かけより低くなります。**

当たりが1％のガチャを1回引くときの「当たりが出ない確率」は99％。2回目も同じく99％ですが、「2回連続で当たりが出ない確率」は「99％×99％」で約98％。少しだけ確率が下がります。

では「100回連続で当たりが出ない確率」はどれくらいかというと、99％の100乗。これを計算すると約37％です。ということは、「100回引いて当たりが最低1回出る確率」は37％の補数である約63％だとわかります。

面白いのは、この約63％という数には汎用性があることです。難しい話は省略しますが、1/nの確率で当たりが出るものをn回トライして当たりが出る確率はすべて約63％なのです※。今回は1/100なので、100回挑戦したら約63％。319分の1の確率で当たりの出るパチンコ台で、319回まわして当たる

※nが小さいとこの確率は必ずズレます。n=2、つまり1/2（50％）の確率で当たりが出るとき、2回トライして当たりが出る確率は75％です。

確率も約63%です。記憶の片隅に入れておくと、役立つ場面があるかもしれません。

「1/100」とリアルなくじ引き

100枚中、当たりが1枚入っているくじ引き
(引いたくじを箱に戻さない場合)

100回引くと → 当たりを引く確率 **100%**
(箱に入っているくじをすべて引くことになるから)

当たり率1%のガチャ

100回引くと → 当たりを引く確率 **約63%**
(何回引いても確率は同じだから)

当たり率1%のガチャが100回連続ではずれる確率

1回目　2回目　　　100回目
$99\% \times 99\% \times \cdots \times 99\% = 99\%^{100} = $ 約37%

はずれの　はずれの　　はずれの
確率　　　確率　　　　確率

つまり、「100回連続ではずれ」にならない確率は
100% − 約37% = 約63%

100回連続ではずれ、ではない確率
⇒1回以上当たりが出る

1/n の確率を n 回実施 → 約63%で発生
(nが大きいときに成立。n=100のとき上記条件となる)

会話で恥をかかない
「単位」の扱い方

Part

普段の生活で長さや面積、体積、重さといった単位に接する機会は多くあります。ただ、それらの数も自分のなかでピンときていない状態だと、ただの数字の羅列にしか見えず、その数を使ってざっくり計算をしてみようという気も起きないでしょう。そこでここでは単位変換の基礎を押さえつつ、さまざまな単位をビジュアルでイメージできるようにすることを目標にします。

あわせて、時間や速さの変換に関するテクニックも紹介します。特に最後の「日付の計算法」は私のお気に入り。非常に便利なので、ぜひ試してみてください。

1 「SI接頭語」を覚えるとすべての単位のつながりがわかる

2dLってどれくらい？
デシリットルなんて久しぶりに聞いたよ

0.2Lや200mLと同じだね

「基準単位の何倍か」を表している

　小学校で単位の勉強をするとき、dL（デシリットル）という単位を学びますが、それに対して「一生使うことのない単位を教えるな！」という意見をよく聞きます。実際は医療現場やヨーロッパ圏などで普通に使われている単位なのですが、問題はそこではなく、多くの人がデシリットルを**他とはつながりのない、単独の単位として認識している**ことです。

　「デシ（deci）」とはメートル法に基づく国際単位系（SI）で使われる接頭語で、「10分の1（0.1倍）」という倍率を表す言葉です。それ以上でもそれ以下でもありません。容量の単位である「リットル（L）」の頭につけばdL（デシリットル）。騒音の度合いを表す単位としてもおなじみで、音圧レベルを表す「dB（デシベル）」にも使われています。

　よく見るミリ（1000分の1＝0.001倍）もセンチ（100分の1＝0.01倍）もキロ（1000倍）も、すべてSI接頭語です。

　単位変換が苦手な人は、まずは次ページに列挙したSI接頭語の主要なものを覚えることからはじめましょう。その方が汎用性がありますし、接頭語の倍率を覚えればkmとmmの単位変換もできるようになります。

主要なSI接頭語を覚える

「倍率」を表すSI接頭語

SI接頭語	読み方	倍率		漢数字
T	テラ	1,000,000,000,000	10^{12}	一兆
G	ギガ	1,000,000,000	10^{9}	十億
M	メガ	1,000,000	10^{6}	百万
k	**キロ**	**1,000**	10^{3}	**千**
h	ヘクト	100	10^{2}	百
da	デカ	10	10	十
—	—	1	1	一
d	デシ	0.1	10^{-1}	十分の一
c	センチ	0.01	10^{-2}	百分の一
m	**ミリ**	**0.001**	10^{-3}	**千分の一**
μ	マイクロ	0.000001	10^{-6}	百万分の一
n	ナノ	0.000000001	10^{-9}	十億分の一
p	ピコ	0.000000000001	10^{-12}	一兆分の一

例
kg（キログラム） = 1000 × g
dL（デシリットル） = 0.1 × L
mm（ミリメートル） = 0.001 × m
ps（ピコ秒） = 10^{-12} × s

【注意】広さや容積などで ^{2} や ^{3} がつく単位の SI接頭語は**「1辺の長さ」に対する倍率**であり、「広さ」や「容積」に対する倍率ではありません。

○ $(km)^2$ × $k(m^2)$

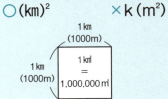

カジュアルな英語で千のことを「K」と呼ぶのも「Kilo（キロ）」が由来です

会話で恥をかかない「単位」の扱い方

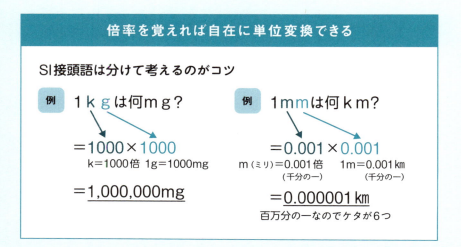

単位変換で迷ったら目盛りをイメージ！

前記のような単位変換で「大きくするんだっけ？ 小さくするんだっけ？」と迷ってしまう人は、ものさしのような目盛りをざっくりイメージするのがいいかもしれません。

たとえば単位がmのものをcm単位に変換するときは、m単位しか目盛りがないメジャーで物体を測っている状態をイメージします。次に、同じ物体をcm単位の細かい目盛りで測り直すイメージをしてみると「数は大きくなるよね」と腹落ちするはずです。

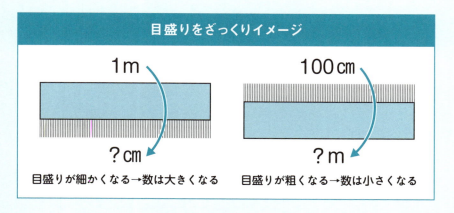

2 いまだに残る「非SI単位」の変換法

昨日のゴルフで、残り200ヤードをナイスオンしたんだよ

200ヤードというと……約180メートルですね

フランス人科学者たちの夢、いまだ実現せず

　メートル法（のちに国際単位系［SI］へ発展）を発案し、その普及に努めたのは18世紀のフランスの科学者たちです。それまでのヨーロッパにおいては、地域や時代によってさまざまな単位が使われてきました。

　しかし、それでは図面を書いたり、公式をつくったり、データの比較をしたりするときに大変な面倒が発生します。同じ単位でも人それぞれで異なる長さをイメージしていたら、次から次へともめ事が起こりそうです。

　そこで、世界共通の単位をつくるべく生まれたのがメートル法です。現代はほぼすべての国でメートル法を採用しています。

　しかし、アメリカでは現在も「ヤード・ポンド法」が使われています。日本でも国としてはメートル法を導入しているのに、大工さんなどはいまだに尺貫法を使っています。このように、慣習として非SI単位が残っていることもあるのです。

　このあたりは必要に応じて覚えればいいと思いますが、一応換算法を紹介しておきます。

長さを表す「非SI単位」の換算法

尺貫法

1間（けん） ≒ 1.8m（6尺） ← 1間×1間＝1坪

1尺（しゃく） ≒ 30cm ← 30.3cm

1寸（すん） ≒ 3cm（1/10尺）

幅1間半のクローゼット→（1.5×1.8で）約2.7m
3尺単位の住宅設計→（3×30で）約90cm
5寸釘→（5×3で）約15cm

ヤードポンド法

1インチ ≒ 2.5cm

1フィート※ ≒ 30cm（12インチ）

1ヤード ≒ 0.9m（3フィート）

1マイル ≒ 1.6km（1760ヤード）

5インチのルアー→（5×2.5で）約12.5cm
200ヤード→（200×0.9で）約180m
60マイル/h→（60×1.6で）約100km/h

その他

1海里（nm） ≒ 2km（1852m）
（地球一周の1/21600の長さ。一周を360度とみなし、その1度をさらに1/60にしている）

1光年（ly） ≒ 10兆km（9.46兆km）
（光が1年間に進む距離）

※単数は厳密にはフット

3 「長さ」をイメージでつかむ！

この車、まだ4万kmしか走ってないから新車同然です

地球1周分って考えたら、けっこう走ってますよね

ピンとくる単位に置き換える

　単位変換ができるようになったとしても、肝心の数を見たときに「どれくらいの量なのか？」がピンとこなければあまり使い勝手はよくありません。

　たとえば「4万km」と聞いただけでは実際の距離がピンとこないでしょうが、**地球1周が4万kmとわかっていれば脳内でなんとなくイメージできる**ため、「4万km」が急に実感を持ってくるはずです。

　いろいろな長さについての基準を持っておいて、イメージでつかんでいきましょう。

1mは地球1周の4000万分の1

　メートル法（SI単位系）の基準となる1mは「子午線を4等分したものの1000万分の一の長さ」を基準にしてつくられました。つまり、地球一周が4000万mになるようにつくられた単位なのです。K（キロ）は千倍の意味なので、4000万m＝4万kmです。

会話で恥をかかない「単位」の扱い方　143

いろいろな「長さ」をイメージでつかむ

1歩≒70cm (100歩≒70m)	徒歩1分≒80m	1km≒徒歩13分
人の歩幅	不動産チラシの 「徒歩8分」は640m	2km⇒徒歩26分

都心の10km≒ タクシー20分 or 自転車40分	100km≒ 東京〜宇都宮 or 高速道路1時間 or 徒歩21時間	1000km≒ 東京〜鹿児島 or 東京〜北海道 (根室)
タクシーは 都心部の場合	半径100kmの円	半径1000kmの円

こぶし≒10cm 親指から人差し指≒15cm 親指から小指≒20cm

その他の「長さ」

東京〜大阪　　　約500km (直線で約400km)
日本列島の長さ　約3000km
東京〜NY　　　　約1万km (地球1/4周)
富士山　　　　　3776m
皇居一周　　　　5km

「手尺」は便利なので
自分の手のサイズを
測っておきましょう
(腕の長さ、歩幅なども)

4 「広さ」をイメージでつかむ！

実家の祖父が持っていた10ヘクタールの土地、相続しちゃったよ

東京ドーム2つ分か。広いね

「ha」「東京ドーム1個分」「坪」を抑えよう

　多くの人を混乱させる面積の単位といえば、おそらく「ha（ヘクタール）」「東京ドーム1個分」、そして「坪」ではないでしょうか。

　「h（ヘクト）」は百という意味なので、haを見たら「100m×100m」をイメージしましょう。「百百万」（P81）なので、1haは「1万㎡」と同じということになります。

　次に「東京ドーム1個分」。こちらはスタンドも含む建物（白いメロンパン）の総面積で、約4.6万㎡（4.6ha）。といってもピンとこないでしょうから、1辺が200m強だと覚えましょう。

　最後の「坪」は尺貫法の単位で、「1間×1間」分です。1間とは約1.8mのことなので、1坪は約3.3㎡ということになります。

　坪とセットで覚えたいのが部屋の大きさを表す「畳（帖）」。1畳は1坪の半分で、「約1.8m×0.9m」。畳の大きさには地域差があるものの、**1畳は人が1人寝られるシングルベッドの大きさ**だとイメージしてもらえればOKです。もし6畳の部屋があったら、単純に2で割って3坪だと計算できます。

会話で恥をかかない「単位」の扱い方　　145

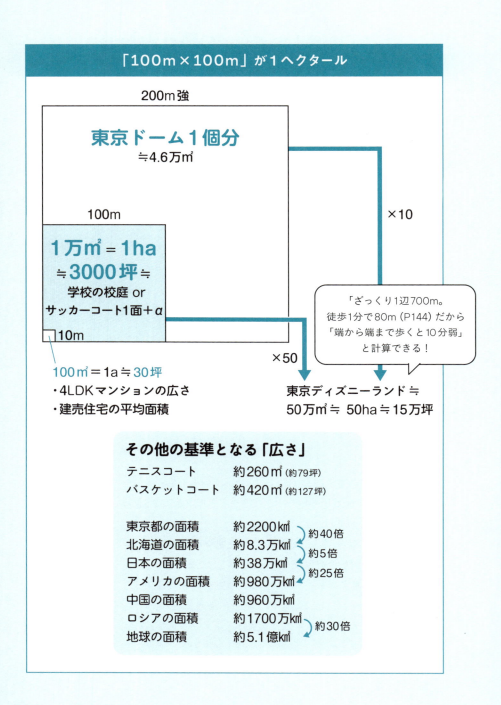

坪と㎡の高速換算法

　1坪は約3.3㎡と書きました。坪を㎡表記に変えるには3.3をかければいいのでそこまで難しくありませんが、㎡を坪表記にするときは3.3で割らなければいけないので、思わずスマホに手が伸びる人もいるはずです。

　そこで思い出していただきたいのがパートナーナンバー（P71）。「÷3.3」は「×30％」（×0.3）に置き換えることができます。たとえば50㎡の広さがある土地を坪で表現したいなら、3をかけてケタを1つ減らせばいいだけ。つまり、15坪ということになります。

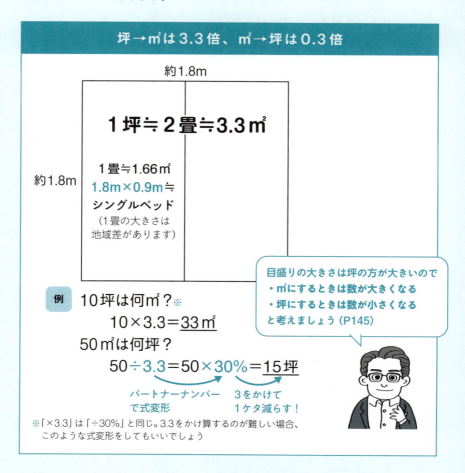

会話で恥をかかない「単位」の扱い方

5 「重さ」をイメージでつかむ！

今度引っ越すんですけど、自分で冷蔵庫を運べますかね

単身用なら30kgくらいかな。2人の方が安全だね

あなたは何kgまでなら運べる？

　SI単位系で重さの基準となっているのは1kgで、一辺が10cmの立方体に入れた真水の重さと等しくなっています。

　2Lのペットボトルなど、普段からよく手にする物体の重さはイメージしやすいですが、それよりも小さい単位や大きい単位になると、急にピンとこなくなることが多いはずです。

　たとえば毎日使っている冷蔵庫も、自分で持ち上げたことがある人はあまり多くないかもしれません。

　ちなみに、厚労省が推奨している持ち運ぶ重さの上限（「職場における腰痛予防対策指針」より）は、男性は体重の40％、女性は体重の24％とされています。つまり、体重60kgの男性なら24kg、50kgの女性なら12kgということになります。

　次ページで、**重さの基準として覚えておいた方がよさそうなもの**を紹介しているので、参考にしてください。

いろいろな「重さ」をイメージでつかむ

1g (1㎤の水)	100g	1kg (1000㎤の水)
1円玉	コンビニのおにぎり	キャベツ1玉

10kg	100kg	1000kg＝1t (1㎥の水)
42V型液晶テレビ	小型バイク1台 (ホンダ「スーパーカブ」など)	コンパクトカー1台 (トヨタ「アクア」など)

その他の基準となる「重さ」

卵	約50g	アフリカゾウ（オス）	約6t
スマホ	約200g	コンテナの最大積載重量	約30t
ノートPC	約2kg	東京スカイツリー	約3万6000t
ボウリングの球	約5kg	タイタニック	約4万6000t
体重の世界記録	約600kg	日本の米の需要量	約700万t

冷蔵庫はどのくらいの重さ？

1人用	150L前後、高さ120㎝くらい	約30kg
2人用	250L前後、高さ160㎝くらい	約50kg
家族用	500L前後、高さ180㎝くらい	約100kg

6 「体積・容量」をイメージでつかむ！

お風呂に張るお湯って、どれくらいの量なんだろう？

多めに入れたら200Lくらいですかね

立方体の1辺の長さをイメージできる？

　体積や容積に関して、多くの人がイメージしやすいのは容量が明記されている飲料などでしょう。

　しかし、それはあくまでペットボトルや紙パックの大きさに紐づいたイメージなのではないでしょうか？　体積や容積がピンとこない人は、立方体の1辺の長さがどれくらいか考えてみるといいかもしれません。

　体積は縦・横・高さの3辺をかけて求めるので、1辺の長さの値と体積の値の乖離が大きくなるからです。

　1Lとは「10cm×10cm×10cm」（1000㎤）の容器に液体をすり切りまで入れた量のこと。1mLは「1cm×1cm×1cm」（1㎤）で、1000Lは「1m×1m×1m」（1㎥＝1,000,000㎤）です。ちなみに料理などで使うccは「Cubic Centimeter」の略で、まさに㎤のこと。だから**1ccと1mLは同じ意味**です。

　あとは、普段見かけるさまざまな体積や容積が、実際にはどれくらいの量なのかを知っておきましょう。いくつかの基準を持っていれば、体積や容量をざっとつかみやすくなるはずです。

いろいろな「体積・容量」をイメージでつかむ

1mL ／ 1㎤
(1辺1cm)

目薬20滴

10mL ／ 10㎤
(1辺約2.2cm)

小さじ2杯

100mL ／ 100㎤
(1辺約4.6cm)

びん入りの
栄養ドリンク

1L ／ 1,000㎤
(1辺10cm)

牛乳パック

10L ／ 1万㎤
(1辺22cm)

バケツ1杯

1000L ／ 百万㎤
(1辺1m)

家庭の浴槽5杯分

その他の基準となる「体積・容積」

お風呂1回分	約200L
25mプール	約40万L
東京ドーム1杯分	約12億L

×2000
×3000

小さじ	5mL
大さじ	15mL

×3

スーツケースの容量で悩んだら

2、3泊	20〜30Lくらい
1週間	80Lくらい
10泊以上	100L以上

ざっくり1泊10L。普段使っているゴミ袋の大きさ
(45L、60Lなど) も目安になる

会話で恥をかかない「単位」の扱い方

7 「時間」と「分」を換算する方法

残業時間は0.6時間っていわれても……
これって何分でしたっけ？

36分だね

「60進法」と「24進法」が混在するからまぎらわしい

　メートル法は10進法に従っているので、SI接頭語で倍率さえ覚えれば簡単に換算することができます。まぎらわしいのが時間の単位。60秒が1分、60分が1時間と、**比較的小さい時間の単位では「60進法」を使いつつ、24時間が1日、365日が1年と、大きい時間の単位では「24進法」や「365進法」を使っているからです。**

　これまで紹介してきた、大きなケタのかけ算や割り算は10進法を前提としているので、時間の換算をするときは基本的に「×60」や「÷60」、「×24」や「÷24」といった計算を1つずつしなければなりません。

　ただし、時間を分単位に換算するとき、すぐに使えるテクニックが1つあります。たとえば0.6時間を分に直すとき、0.6時間の小数点を1つ右にずらして6時間と考えてみましょう。「6時間×60分」なので360分。これを元通りにするために、小数点を1つ左に動かせば36分です。

　ほかにも次のようなやり方があります。①0.6時間を「1時間の半分くらいだから30分くらいだろう」と推定、②小数点もケタも無視して6×6＝36を暗算、③答えに合いそうなケタに調整、という手順でもかまいません。

面倒な時間換算のコツ

時間は60進法と24進法、365進法が混在しているので大きな数の計算テクが使いづらい!

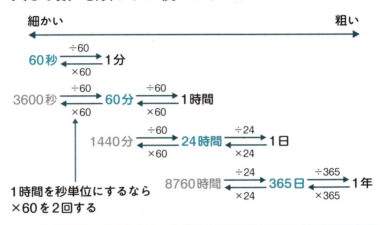

かけるか割るかで悩んだら……
- 単位を細かくすると数は増える(だからかける)
- 単位を粗くすると数は減る(だから割る)

Q. 0.6時間は何分

解き方1 正攻法
0.6時間×60分=<u>36分</u>

解き方2 「0.6時間」で迷う人向け
6時間なら360分。それより1ケタ小さいから<u>36分</u>

解き方3 ざっくり計算(ケタも小数点も無視)
1時間の半分くらいか。6×6=36。じゃあ<u>36分</u>

8 「速さ」「時間」「距離」を換算する方法

高速使って300km先の新潟まで行くんだけど、どれくらいかかる？

だいたい3時間半かな

「はじき」だけで覚えるのは危険

　速さと時間と距離の関係。小学生のときに「はじき」の図で覚えた人も多いのではないでしょうか。その意味を理解せず公式の丸暗記をした人は、どれが分母でどれが分子かわからなくなったりします。

　速さと時間と距離の意味を理解するために必ず理解したいのは**「速さ」は割合であることです。**どんな割合かというと、時間当たりに進む距離。時間の単位が1時間なら、速さは「1時間に進む距離」を示しています。

　そして割合では、「〇〇に対して」の〇〇が分母にくるとPart4で説明しました。だから「速さ＝距離／時間」になるわけです。車を運転する方は時速計の表示を思い出しましょう。「km/h」と、ちゃんと時間（hour）が分母にきていますよね。以上のことが理解できれば「はじき」のテクニックを活用できます。正しい「はじき」のポジションがわかりますし、知りたい値を指で隠せば割るのかかけるのかすぐにわかるからです。

　上の会話で知りたいのは時間です。距離は300kmで、速さは高速道路なので仮に100km/hでずっと走れるとすると、「300÷100」で3時間。そこに休憩時間なども考慮に入れると、実際は3時間半くらいかかるとわかります。

速さとは「時間に対する距離」の割合

これをまず理解する！

$$速さ_{(は)} = \frac{距離は時間に対していくらかという割合}{} = \frac{距離_{(き)}}{時間_{(じ)}}$$

「はじき」が正確に思い出せる

迷ったら時速の単位を思い出す
km/h

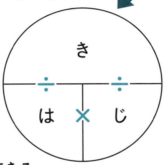

安心して活用できる

時間が知りたい　　　**距離が知りたい**

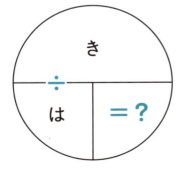
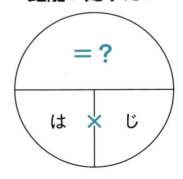

9 「秒速」を「時速」に変換する方法

台風がきてて『風速30m/s』だそうです。でも、そんなにヤバいですかね?

時速100km以上だから超危険だよ

「×3.6」だけであっさり計算できる

　前項で速さの説明をしましたが、速さの単位は時速(km/h)以外にも、分速(m/m)や秒速(m/s)などがあります。分速は普段めったに使いませんが、秒速は風速の単位として天気予報などでたまに見かけます。

　ただ、時速に慣れている私たちからすると、まったくピンときません。

　秒速を時速に変換にするには、理屈的には以下の3段階で行います。秒速10m/sで計算してみます。

①秒速10m/sの分母を「分」に→分子と分母に×60→分速600m/m
②分速600m/mの分母を「時間」に→分子と分母に×60→時速36000m/h
③kmに変換するために分子だけ1000で割る→時速36km/h

　分子の距離だけ注目すると、①と②で「×3600」をして、それを③で1000で割っている(0.001倍している)ので、実は3段階にしなくても、**「×3.6」をすればいきなり秒速から時速に換算できます**。時速から秒速に変えることはほぼないと思いますが、そのときは逆に「÷3.6」をするだけです。

156　Part 6

秒速（m/s）から時速（km/h）への換算方法

①分母を「分」にするため分子と分母に×60

②分母を「時間」にするため分子と分母に×60

③kmに変換するために分子だけ1000で割る

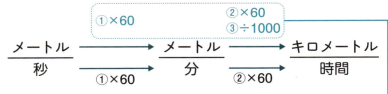

「60×60÷1000」なので……

最初から×3.6をすればいい！

（時速[km/h]から秒速[m/s]への変換では÷3.6）

例　秒速30m/sは時速で何キロ？
　　30×3.6＝時速108km/h

ウサイン・ボルトは時速何キロで走る？
「100mをおよそ10秒」なので速さは100m/10s。つまり秒速**10m/s**。3.6をかけると**時速36km/h**

10 「同じ曜日の先の日付」を一瞬で知る方法

次の打ち合わせは3週間後の今日と同じ火曜日ですね。何日だろ……（カレンダーを探す）

えっと、10日ですね

月の日数さえ覚えれば簡単

　1週間後の同じ曜日の日付を知りたいと思っても、月をまたいでいると単純に7を足すことはできません。私も長らくカレンダー頼みでしたが、この方法に気づいてからは暗算で日付を計算できるようになりました。暗算のトレーニングにもなるので、いまでは日常的に使っています。

　方法はいたってシンプル。**月の日数が31日ではない2月、4月、6月、9月、11月を「西向くサムライ（士）」という語呂合わせで覚えます**。あとは単純に「今日の日付」に「何日後」を足して、月の日数を引くだけ。たとえば今日が10月20日で3週間後の日付を知りたければ、以下の暗算をします。

① 3×7＝21（日後）
② 20＋21＝41（＝10月41日）
③ 41－31（月の日数）＝10＝答えは <u>11月10日</u>

　もちろん1週間単位ではなく「20日後」でも「50日後」でも使えます。月の日数が31日ではない月は、③で30（2月は28か29）を引きます。

158　Part 6

月の日数が31日ではない月は語呂合わせで覚える

西向くサムライ

ニ	シ	ム	ク	サムライ
2月	**4月**	**6月**	**9月**	**11月**
28日or29日	30日	30日	30日	30日

↑ イレギュラーなのはうるう年のある2月だけ。その他は30日

↑ 「十一」が「士」になると覚えよう

月の日数を確認したら——

今日の日付＋日数(何日後)－月の日数＝知りたい日付

例① 3月23日 ＋ 20日後 － 31日 ＝ 4月12日

23＋20＝43

↑ 3月をまたぐので**3月の日数(31日)**を使う。4月の日数を使わないよう注意

例② 9月20日 ＋ 50日後 － 61日 ＝ 11月9日

20＋50＝70

↑ 「50日後なら9月は当然またぐし、10月もまたいで11月になる」と先に計算。**またぐ月の日数(30日と31日)**を足す。

会話で恥をかかない「単位」の扱い方

> ## コラム

社会人なら覚えておきたい数字

　なにか基準となるものを知識として覚えていることで、いろいろな数字がイメージしやすくなる。これは単位に限った話ではありません。

　たとえば全世帯に給付金を1万円配布するというニュースを見たとき、日本の全世帯数が約6000万であることを知っていれば、「万万億（P81）で6000億の予算が必要だ」とすぐに概算できます。

　せっかく覚えたざっくり計算を生かすためにも、以下に社会人なら覚えておきたい数学をいくつか載せておきます。

覚えておきたい数字

1年	365日≒52週≒9000時間
人生	80年≒3万日≒72万時間
日本の人口	1億2000万人
日本の世帯数	6000万世帯
日本の労働人口	7000万人≒日本人口の60%
東京都市圏の人口	3800万人（世界一）≒日本人口の1/3
東京都の人口	1400万人≒日本人口の1/9
訪日外国人数	4000万人≒日本人の1/3（2024年）
在留外国人数	300万人≒日本人口の3%（2023年）
都道府県の数	47
日本の面積	38万km²
日本のGDP（国内総生産）	600兆円
上場企業の時価総額合計	800兆円

> 世界：80億人
> 中国：14億人
> （日本の11倍）
> 米国：3.4億人
> （日本の約3倍）

> 世界：96兆ドル
> （1京4000億円）
> ※2022年

知っているとビジネス通(!?)な国内市場規模

建設	70兆円	出版	1.6兆円
生命保険	40兆円	AI	0.9兆円
パチンコ	16兆円	ラーメン	6000億円
コンビニ	13兆円	畳	400億円

日常会話で数字を
効果的に使うひと工夫

Part

ここでは、ざっくり計算のなかでも特定の用途のときに強力な武器となるちょっとした小ワザを中心に解説していきます。具体的には、収入や売上の時間当たり、月当たり、年当たりの換算や、消費税の計算、割引の計算、複利の計算、パーセントの計算などです。

これまで学んできたテクニックを使うものが多いので、おさらいするつもりで取り組んでみてください。

1 「時給」「月給」「年収」の換算も瞬殺

総務のAさん、バイトから社員になって月給30万円になったそうですよ

残業なしだとして、時給1800円くらいか

「時給」と「月給」の変換

1日8時間、月に21日働くとひと月の勤務時間は168時間。キリよく170時間だとすれば、**時給から月給をざっくり計算するときは「時給×170」。逆に月給から時給を計算するには、「月給÷170」になるわけです。**

割り算が少し大変そうなので、ここでもパートナーナンバーを利用します。17のパートナーナンバーは6%（0.06）で（P71）、その10倍の170では0.6%（0.006）です（片方のケタが増えたら片方のケタは減らす[P71]）。すると、先ほどの計算式は次のように変換できます。

- 月給＝時給×170＝時給÷0.6%
- 時給＝月給÷170＝月給×0.6%

月給30万円から時給を求めるには「30万×0.6%」で1800円。逆に時給は「×170」か「÷0.6%」の計算しやすい方を選びましょう。時給も月給も一般的な相場はわかるので（時給は1000〜5000円くらい、月給は20万〜100万円くらい）、ケタを考えず頭の数だけ計算するのがコツです。

時給から月給、月給から時給を求める

1日8時間、月21日勤務＝月168時間 (約170時間)

時給と月給の計算① ── 170を使う

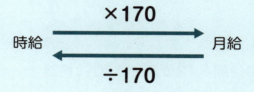

170の計算が大変なら
パートナーナンバー (PN) を利用。
(**17のPNは6%**なので170のPNは0.6%)

時給と月給の計算② ── 0.6を使う

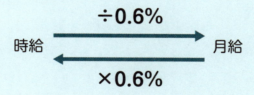

例　月給30万円。時給換算すると？
30万 ×0.6％＝<u>1800円</u>

時給の相場は
わかっているので
小数点やケタの
計算はしない！

例　月給34万円。時給換算すると？
34万 ÷170＝<u>2000円</u>

170の方が
ラクなケースもある

日常会話で数字を効果的に使うひと工夫

「時給」と「年収」もすぐ変換

時給から一瞬で年収を概算する方法もあります。月170時間勤務なら年間2040時間働くことになるので、年2000時間勤務と考えれば、時給に2000をかけるだけで答えが出ます（「×2000」→「×1万÷5」でもいいですね）。

こちらもケタは気にせず、頭の数だけ計算しましょう。

「月給」から「年収」を計算

月給を12倍すれば賞与を除く年収が計算できるわけですが、かける数によっては「×12」の暗算で手間取るかもしれません。そういうとき私がよく使うのが段階的にかけ算をする方法。月給を2倍にしてから6をかけます。

たとえば月給35万なら2倍して70万。6をかけると420万です。

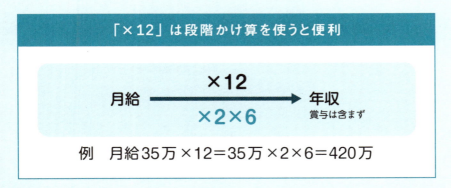

2 「年単位」の値から「月平均」をパパッと計算!

あの会社、年商3億円だって

月商にしたら2500万円くらいか。けっこう大きいですね

「÷12」は段階割り算か「×8.3%」で概算

　年単位の値を月当たりの値に変えたい場面はいろいろあります。たとえば、年商3億円の会社における月当たりの平均売上を知りたければ12で割ればいいわけですが、暗算が少し大変です。

　私がよく使う方法は2つあります。

　1つ目は段階割り算(P60)。「÷12」を「÷2÷6」「÷6÷2」「÷3÷4」「÷4÷3」などの形に変えることで、暗算をしやすくします。年商3億の月商を求めるなら「÷3÷4」が一番速いかもしれません。1億を4で割るだけなので、答えは2500万円だとすぐに出ます。

　もう1つはパートナーナンバーを使った計算です。12のパートナーナンバーは8.3%なので「×8.3%(×0.083)」に変換できます(ざっくりでいいなら「×8%」でもOK)。もし年商が1億や10億のようにキリのいい数だったら、こちらの方が圧倒的に速く計算することができます。

　いずれの場合も、**小数点やケタは無視して計算しましょう**。年単位の数をざっくり10で割って、「月にするとこれくらい」とイメージできていれば、ケタで間違えることはありません。

日常会話で数字を効果的に使うひと工夫

「年→月」の変換で使える二つのワザ

段階割り算

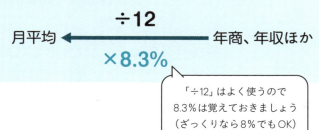

暗算しやすいものを選ぶ！

パートナーナンバーを使う

月平均 ←÷12— 年商、年収ほか
×8.3%

「÷12」はよく使うので
8.3%は覚えておきましょう
（ざっくりなら8％でもOK）

例 年商3億。月平均の売上は？
3億÷12＝
3億÷3÷4＝<u>2500万</u>

例 年間10万来場。月平均の来場者は？
10万÷12＝
10万×8.3%＝<u>8300人</u>

「10万÷10」だから答えは1万くらいと
ざっくり考えればケタの計算は不要

時間当たりの売上から年商を割り出す

　時間当たりの売上から、年商をすぐに計算するテクニックもあります。
　コンビニのような24時間営業、年中無休の店舗だとすると、1年間の営業時間は「24×365」なので8760時間。これをざっくり9000時間と考えると、次のような簡単な式にできます。

- 年商 ≒ 時間当たりの売上×9000
- 時間当たりの売上 ≒ 年商÷9000

　もし12時間営業のお店の場合、上記の計算結果を半分にすればいいですし、8時間営業のお店なら「×3000」「÷3000」で計算した方が速いです。もし「×9」「÷9」の計算すら面倒なら、以下の計算でもOKです。

- 年商 ≒ 時間当たりの売上×1万×0.9（「×0.9」は10％分引く）
- 時間当たりの売上 ≒ 年商÷1万÷0.9（「÷0.9」は10％分足す）

24時間年中無休なら1年はざっくり9000時間

時間当たりの売上から年商をざっくり計算

24時間×365日＝8760時間なので……

時間当たりの売上 —×9000→ 年商

12時間営業なら半分にするだけです

「×9000」が面倒なら……「×1万×0.9」つまり「×1万から10％引く」でもOK!

年商から時間当たりの売上をざっくり計算

時間当たりの売上 ←÷9000— 年商

12時間営業なら営業時間は半分なので2倍すればOK

「÷9000」が面倒なら「÷1万×1.1」つまり「÷1万から10％UP」でもOK!

日常会話で数字を効果的に使うひと工夫

消費税の「税込・税抜」を高速で計算!

この商品、税込6万円だけど本体価格はいくら?

5万4600円くらいだね

税抜価格の概算は「×0.91」と記憶しておく

現在、日本の消費税は10%です。私たち庶民には重い負担ですが、キリがいいのでざっくり計算はしやすい数になっています。

まず、本体価格から税込を計算する方法についてです。1ケタずらして10%を求めてから本体価格に足してもいいですし、最初から1.1をかけてもかまいません。「プラス棒」(P54)のやり方に慣れると、「×1.1」(実際に暗算するときは「×11」)の方が速い場合もあります。

暗算しにくいのが、すでに税込になっている価格から税抜の価格を計算するときです。計算式がパッと思いつかず、誤って「税込価格の10%」を引いてしまう人もいます。**「税抜価格×1.1=税込価格」ですから、「×1.1」を右辺に持ってきて「税抜価格=税込価格÷1.1」にするだけです。**

ただ、「÷1.1」の暗算が難しい場合はパートナーナンバーも使えます。1.1のパートナーナンバーは91%(厳密には0.90909……)なので、税込価格に0.91をかければいいのです。このとき「×0.91」を直接計算するよりは、91%の補数である9%を税込価格にかけて、消費税分を税込価格から引いた方がラクに計算できるでしょう。

「税込→税抜」はひと工夫が必要

税抜から税込の計算

消費税10%の場合
×1.1

税抜価格 ——————→ 税込価格

例 税抜価格2000円。税込では？
2000円×1.1＝<u>2200円</u>

> 同じ数を
> 1ケタずらして
> 足すだけ

例 税抜価格1110円。税込では？
1110×1.1＝<u>1221円</u>

税込から税抜の計算

÷1.1

税抜価格 ←—————— 税込価格

暗算しづらい場合は
1.1のパートナーナンバーである91%を使う

方法① 税込価格×91%
方法② 税込価格−（税込価格×9%）

> 91%の補数
> （＝消費税分）

例 税込550円のとき本体価格は？
550÷**1.1**＝<u>500円</u>

> 「÷1.1」の方が計算
> しやすい場合もある

例 税込3000円のとき税抜価格は？
3000×**0.91**≒<u>2730円</u>

もしくは

3000−（3000×**0.09**）＝
3000−270＝<u>2730円</u>

> 多少誤差が出るが
> ざっくり計算には
> 十分！

日常会話で数字を効果的に使うひと工夫　169

4 「割引後の値段」を誰よりも速く計算したい!

このTシャツ、1800円が30%オフだって。いくらですか?

えーと……
1260円だね

「補数でかけ算」が一番速い

　定価が1000円のものを10%割引したら、売値は900円です。「1000円の10%は100円。1000円から100円を引いたら900円」という2ステップで計算できます。これは問題ないですね。

　ですから冒頭の会話のように1800円から30%割引されたあとの値段が知りたいときも「1800×0.3」を計算し、その値540円を1800円から引けばいいわけですが、少しスピード感に欠けます。私なら割引率30%という値を見たら、その補数の70%がパッと思い浮かぶので、定価1800円にいきなり0.7をかけて1260円という数字が出ます※。

　なぜ0.7をかけるといきなり正解が出るかというと、「割引した額」と「割引されたあとの額（売値）」は、補数の関係（足したら100%［＝定価］）になるからです。

　実はこれ、P108で説明した原価と利益の関係とまったく同じ。「割引率」と「割引後の売値の割合」を足すと100%になります。

　たとえば、割引後の売値が2400円で割引率40%だったとしたら、定価は「2400÷0.6=4000円」ですぐ求めることができます。

※ただし、実際は30%と70%の2種類の計算を両方することをオススメします。「定価×割引率」と「定価×割引後の売値の割合」の2つです。検算するクセをつけるようにしましょう。

170　Part 7

日常生活でよく使う「割引後の値段」の求め方

定価に対して**割引額**は何倍？

比較する数

$$\frac{割引額}{定価} = 割引率$$

基準となる数

売値と割引額は補数の関係

定価

売値	割引額

売値率
（定価に対する売値の割合）

割引率
（定価に対する値引額の割合）

> 売値＋割引額＝定価
> 売値率＋割引率＝100％

例 定価1800円のシャツが3割引。売値はいくら？

$$1800 \times 0.7 = 1260円$$

割引率30％の補数
（売値率）

例 40％オフで2400円。元の値段はいくら？

$$2400 \div 0.6 = 4000円$$

割引率40％の補数
（売値率）

> 「基準となる数＝
> 比較する数÷割合」
> （P111）を思い出そう

日常会話で数字を効果的に使うひと工夫　　171

5 よく使う「パーセント」を最速で計算する

イベント来場者2000人で、そのうちの120人と契約できましたよ

契約率6%か。いいですね

最初から分母を100にすればいい

　割合の表現方法の1つであるパーセントの扱い方に関して、ちょっとしたコツを伝授します。上の会話のように2000人中120人が契約したときの契約率の計算式は、Part4を読んでいただいた方なら理解できるはずです。「契約率」と書いてあるので契約者数が分子（割られる数）で、基準となる数の来場者数が分母（割る数）です。これをパーセントで表すとき、多くの人は「120÷2000」を電卓などで計算してから、その結果に100をかけるはずです（0.06という数を見ただけで6%が思い浮かべば理想的ですが）。

　しかしよく考えると、毎回割合に100をかけるということは、分子にも分母にも100をかけているということでもあります。だとすれば、わざわざ分母を1にしなくても（割合を求めなくても）、最初から分母を100にしたときの分子を求めれば、それがパーセントです。

　今回の場合、実際の割り算はせず、分数のままで考えた方が速いです。120/2000からまずゼロ1つを約分で消すと12/200。この状態から分母を100にすればいいので、分子と分母を2で割ると6/100。こうすれば、6%という結果をすぐに導くことができます。

分数の状態でパーセントを計算する

Q. 2000人中120人が契約したときの契約率は？

一般的なパーセントの求め方

$120 ÷ 2000 = 0.06$
$0.06 × 100 = \underline{6\%}$

> 割合を求めてから100倍している（一度小さくしたものを大きくしている）

効率的なパーセントの求め方

$$\frac{120}{2000} = \frac{12}{200} = \frac{0.06}{1} = \frac{0.06 × 100}{1 × 100} = \frac{6}{100}$$

省略！

> 分母を100にしたときの分子がパーセント

> 「1%」を見たら「0.01」や「1/100」、「0.1%」を見たら「0.001」や「1/1000」をすぐ思い浮かべられるようになると、ざっくり計算の瞬発力が急上昇します！

元本が2倍になる期間がわかる「72の法則」

資産を10年で2倍にするには、どれくらいの利回りが必要ですか？

7.2％だから、かなりリスクをとらないといけないね

元本が2倍になる期間×年間利回り＝72

資産運用の世界には、「72の法則」と呼ばれる有名な計算式があります。利子をすべて再投資する複利運用に限定されますが、「元金が2倍になる期間」と「年間利回り」との関係が、非常に簡単な式で表されたものです。

- $t \times r = 72$
  t：元金が2倍になるまでの期間（単位・年）
  r：年間利回り（単位・パーセント）

元金がいくらでもこの法則は変わりません。期間は「72÷利回り」、利回りは「72÷期間」で求められます。冒頭の会話では期間が10年なので、「72÷10＝7.2％」。7.2％の利回りで資産を複利で運用し続けると、10年で元の資産が2倍になるとわかります。

投資信託の想定利回りが3％だったとしたら、複利で運用すると24年後に2倍になるとわかります。また、違法な貸付業者に複利で借金をしたとき（消費者金融は単利）、借金が2倍に膨らむまでの期間もわかります。

「10年で2倍」はけっこう大変

「元金が2倍になる期間」と「利回り」の関係（複利）

$$t \times r = 72$$

t 元金が2倍になる期間（単位：年）
r 利回り（単位：パーセント）

使い方1 期間を定めて利回りを計算

$$r = 72 \div t$$

10年で2倍にしたいなら利回りは？
→ 72÷10＝<u>7.2%</u>

使い方2 利回りを定めて期間を計算

$$t = 72 \div r$$

3％で複利運用したら何年で2倍になる？
→ 72÷3＝<u>24年</u>

複利の発想は資産運用だけでなく人の成長でも大切です

日常会話で数字を効果的に使うひと工夫

著者紹介

堀口智之〈ほりぐち ともゆき〉

1984年生まれ。新潟県南魚沼市出身。山形大学理学部物理学科卒業。2010年に大人のための数学教室「和」（なごみ）を創業し、大人向けの数学・統計学の教室を東京、大阪で展開。オンライン教室も含め、累計2万人以上の社会人が利用している。2016年より数学のロマン、魅力、有用性を発信するイベント「ロマンティック数学ナイト」も定期開催。テレビや新聞などでのメディア出演・掲載実績多数。YouTubeの「大人の数トレチャンネル」は登録者4.7万人（2025年1月現在）。著書に『一瞬で数字をつかむ！「概算・暗算」トレーニング』（ベレ出版）、『「数字がこわい」がなくなる本』（ダイヤモンド社）などがある。

仕事ができる人がやっている
「ざっくり計算力」を身につける

2025年3月30日　第1刷

著　者	堀口智之	
発　行　者	小澤源太郎	
責任編集	株式会社 **プライム涌光**	

電話　編集部　03(3203)2850

発　行　所　株式会社 **青春出版社**

東京都新宿区若松町12番1号　〒162-0056
振替番号　00190-7-98602
電話　営業部　03(3207)1916

印刷　三松堂　製本　ナショナル製本

万一、落丁、乱丁がありました節は、お取りかえします。
ISBN978-4-413-11415-8 C0033
© Horiguchi Tomoyuki 2025 Printed in Japan

本書の内容の一部あるいは全部を無断で複写(コピー)することは
著作権法上認められている場合を除き、禁じられています。